般若禪，如來使

心印曉雲導師、開良師父

釋悟觀 著

曉雲導師禪畫《般若禪行者》（華梵大學文物館提供）

般若禪
行者
戊午秋曉雲

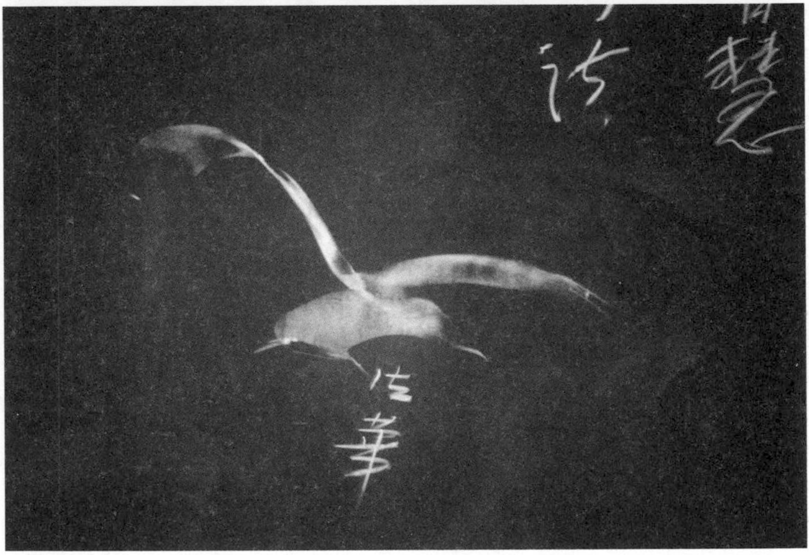

西德佛萊堡大學聖約翰學會主辦雲門畫展：華梵大學創辦人曉雲導師（未出家時的游雲山）與佛萊堡市長、湯若望會學長及留德學者蕭師毅教授（右一）合照（上，1957 年冬）。曉雲導師宣講《妙法蓮華經》講解「定慧力莊嚴，以此度眾生」時，信手拈來在黑板上，畫了「飛鳥」喻「定」與「慧」如鳥之雙翼，偏一不可，而成就慈悲與智慧的菩薩精神（下）

曉雲導師陪同文化大學創辦人張其昀先生參觀清涼藝展（上）。清涼藝展開幕，曉雲導師陪同南亭老和尚等貴賓開幕儀式致詞、參觀（下，1974）

曉雲導師請新儒學大師唐君毅教授至蓮華學佛園授課（第二屆）

曉雲導師於清涼藝展現場進行畫作解說，闡釋教育大義

第二屆清涼藝展會場，創辦人曉雲導師身邊的女孩，是本書作者未出家時（李淑華）

1994 年 11 月 27 日，香港湛山寺住持寶燈法師（創辦人曉雲恩師同門師兄，倓虛大師弟子）在傳天台法脈的前夕，為導師及悟觀法師敘述，自己實踐「常行三昧」歷境驗心九十日的過程（上）。華梵大學創辦人曉雲導師為學校募款舉辦「水路法會」，親自出席法會，悟觀法師拿香給創辦人捻香祈禱（下）

華梵大學創辦人曉雲導師在悟觀法師的洗心室花園與童子合十對話

華梵大學創辦人曉雲導師講解《喜馬拉雅山》禪畫後合影

書寫因緣悟觀自解自勸自語——歲月來去不可留

一片閒心無處著，想，向上想……。

茫茫天宇霧漫漫，無限悲歡在人間；
此生此世甘甜苦，都是醍醐順口嚐。
茫茫天宇霧漫漫，無常事事在人間；
人生經歷甘甜苦，應是醍醐順口嚐。

壬午孟冬（九十一年十一月十六日）晚課後恩師曉雲導師寫了這一首詩遞給我，算是他老人家禪寂前兩年心跡得句吟哦的一首禪詩，吾之恩師真是性情中人，善知佛教入初賢位者；伏愛見之心的鄰聖善直，之般若禪行者。

一九五五年是恩師為參研國際文教，作環宇周行的計畫，我才出生。寫至此，停筆思惟片刻，忽然心生湛然，深感「無限悲歡在人間」，啊！人的生死關頭，誰也代替不了，唯己心安養慧命，「應是醍醐順口嚐」。

我才一歲，恩師竟即已進行尋解，「無常事事在人間」，視世間的事物，如風沙浪影，都在恩師那凝視眼前，如浮光掠影而過，剎那遷替之影像而已。領略了這生命的巨影，恩師常提點我說：湛山老人倓老師公時時刻刻提示的禪語：「想，向上想……」，恩師遞過此詩時，教誡我說：「想，向上想，是了生脫死的淨化思想，是菩薩的精神思想。也唯有透過向上想，才是有自己的存在。人生無非是夢，是驚醒後的大夢，人間雖夢，也悟夢中繁華非夢人，是佛人，必須是好夢一場，才能開拓慧命，悟般若禪。」

是啊！恩師這一首詩參悟了宇宙那一份殊勝的慧命，從有限中繁華的一切，突破出無限簡約的生命範疇。解答回應了我三十年前請示導師「生死事大」的問題，恩師當時的答案是「多念南無大慈大悲觀世音菩薩聖號」，然而十四年後，恩師給了，如何認識行人路，步步前去，是佛陀的遺教，能了生死事大。是啊！如是之遺教，如同《法華經》之方便品、安樂行品、如來壽量品、普門品是法華經本迹之根源，經之樞楗。

如是不難理解，般若禪行者曉雲導師所創見的「覺之教育」，如釋迦如來法華經四要品的「髻中明珠」，亦可說是教育界的圓明如意珠王。且看《法華經》安樂行品如何譬喻之，以為般若禪，之教育準則，精髓在於斯。誰能去討他分曉，起箇念頭猶是多。

華嚴經偈「心佛眾生三無差別」如《摩訶止觀》及《法華玄義釋籤》，但觀心，達己心之高深見己之本源也。以理攝受的角度來觀看，達己心之深廣見己之心迹也，即是一念心起徹實相底，之佛法高深；心具足諸法所以心甚為廣大遼闊。

「文殊師利。此法華經。是諸如來第一之說。於諸法中。最為甚深。末後賜與。如彼強力之王。久護明珠。今乃與之。文殊師利。此法華經。諸佛如來秘密之藏。於諸經中。最在其上。長夜守護。不妄宣說。始於今日。乃與汝等而敷演之。」

套用世尊證道之法，的樞機，久護之秘要之藏，明珠一顆「身」止觀慈悲安樂行，「口」止觀慈悲安樂行，「意」止觀慈悲安樂行，「誓願」止觀慈悲安樂行，照徹娑婆世界之「茫茫天宇霧漫漫，無常事事在人間；人生經歷甘甜苦，應是醍醐順口嚐。」《法華經》始從如是終至受持佛語作禮而去，無非真實感應道交，吾人之一生。

自從九十一年十一月十六日真是掃蕩胸次淨盡，背誦了無題詩，吟哦上下，諷詠恩師從容之人生，「無常事事，都是醍醐順口嚐」是何等的生命況味。憶當時心中思惟「說法因緣與聽法因緣」，時而展讀之，悲歡交集。那一年恩師閱世已九十一年華，百念灰盡，偶究心華梵覺之教育「佛種從緣起」。如是之生命情懷，真是吾師之，捧一塵以培須彌，引一滴清涼味以益大海，吾雖未能味其玄玄義於高深意，然末句之「應是醍醐順口嚐」，共享醍醐於我人之枯腸。

「身內諸脈心脈為主。復從心脈內生四大之脈。……從頭至足四百四脈。內悉有風氣血流相注。此脈血之內亦有諸細微之蟲依脈而住。行者如是知是知身內外不實猶如芭蕉。」思之，般若禪行者「常樂我淨」的慧光照無量，只為將此身心奉塵剎，慧命細胞誠為眾生燃燒也。

「說法因緣與聽法因緣」，根本就是吾人感到一種「生命」轉「慧命」的基本道理；時時教導自己，也要善導教化他人。《彌陀經》說這人世間是，佛慧的光輝所照耀的淨土，欲在淨土裏鮮活者，當修「淨行」方得實現。「說法因緣與聽法因緣」，就是「淨行」的道理，進而體解佛法，即是「明法」於「淨行」中，自知「說法因緣與聽法因緣」，的契理契機之道，如何教好自己，如何感化他人。

走筆至此，憶及八十九年至九十三年已是曉天雲光歲月的恩師，安居在般若堂調養四大，攙扶著恩師陪同一起行香時，恩師指著虛雲老和尚、弘一大師法相，微微語之，一個禪定、一個微笑。而後低吟石屋禪師山居詩，是一首老人家非常入心的意念之詩。

是身壽命若浮漚，只好挨排過了休；事欲稱情常不足，人能退步便無憂。
衰榮可踰花開落，聚散還同雲去留；我已久忘塵世念，頹然終日倚岑樓。
（石屋禪師山居詩X70，666c）

恩師嘗謂：石屋禪師此詩句，「挨排」的心境我自不同意，事實上也容許我得以挨排過了休，雖然假若我也知道能「稱情常不足」之事，然而不能退步，所以也不能無憂！為行「覺之教育」菩薩道只好向前，只好擔憂。勇往直前至不能再往前時，也許生命的分段生死將告一段終了；而擔憂至不能再擔之時，希望佛教教育之願得以償，心中的理念觀念理想的事務亦時以圓滿而身退，身灰矣！人不至如是之境，怎又能遇見更光明之途；「春光照人活妙；今春好去歲綿綿連綿康遠壽歲延」，之不垢不淨之佛性！

一九七六年九月二十三日蓮園「一乘門」教室，圓拱門貼了一張導師的法寶，我日日進出課室背誦著吟詠玩味恩師此首《參究大事》法語，日後成為我自己極入心印心的妙門之詩，它連結了恩師提撕我的「超倫每效高僧行，得力難忘古佛書」（永明延壽禪師山居詩）。修行人方寸中有立足地，對生死事大的問題，以放下提起為觀照的境智；對探賾索隱，善導疏通己心的脈絡，以超倫每效高僧行，得力難忘古佛書，為自我期許。

《參究大事》

放下是死提起是生
今晨曉霧窗前，
世尊座下結跏趺座活然湧現，
以後，愈參愈明，愈明愈契！
那是般若堂中止靜參究，
大事之慈思訊息，故云：

小悟無數！

我知之矣。

放下是死提起是生，

昨夜仁者隨同長跪

佛前，

晚課後至心迴向：

「若臨命終……心無貪戀」

無貪戀絕對放下，以後，

愈觀愈明愈還愈淨故云：

「止乃伏結之初門，觀是斷惑之正要。

止則愛養心識之善資，觀則策發神解之妙術。

止是禪定之勝因，觀是智慧之由藉。」

我知之矣！！！

曉雲導師禪畫《參究大事》（華梵大學文物館提供）

「放下是死，提起是生」，
今晨曉霧宿燈前」，
世尊座下，諸跡跡生清淨湧現，
以後念念無念明，念念網念契
那是般若空中，止靜參究
大事，大念息調息，故云
小悟無數」。
我知之矣。
榮是死，提起是生、
昨夜仁者隨同長跪
佛前」，
依課修至心回向，
「若能念念念心無念無念
無念無念相對放下」，後
念念念念是，念念念念念淨」。故云「此乃信我之，即日都是斷或斷，正要」，「我知之矣!!!」
丙辰九月廿三晨隨念大事，而以宗教思惟生是靈生、死是業死，及今倘如淨佛
義明書

丙辰年九月二十三日晨湧念大事，而宗教思忱，生是靈生，死是業死，死去偷而活佛心，其義了了。

恩師一生為教育辛勤，如是如是之生命境界，亦即《心經》的不增不減不垢不淨之佛性；《華嚴經》所謂的真如法界；《法華經》的大乘平等法；禪宗曰本來面目；淨土宗曰自性彌陀等等。

亦猶如憨山老人山居詩之「峰頭倚杖看雲歸」。

萬峰深處獨跏趺，歷歷虛明一念孤；身似寒空挂明月，唯餘清影落江湖。

春深雨過落花飛，冉冉天香上衲衣；一片閒心無處著，峰頭倚杖看雲歸。

我好喜歡憨山老人這兩首詩：獨跏趺、一念孤，身似寒空挂明月，唯餘清影落江湖。一片閒心無處著，峰頭倚杖看雲歸。

「昔日悉達多太子菩薩，因當前一念孤明寂照，對治了太子心魔，由千年繁華夢醒來步入人世間，只為吾等人人、開示悟入真實性之灼見知見，法界月影智慧月。憨山老人獨坐，且看動靜是何人，獨飲思歸般若華老家，無塵智照一念孤，影得還淨宛若善財童子五十三參，心月孤圓、獨自離言詮，行了、山一程水一程、生之旅。」（《法華經者的話》下冊）

心月孤圓、獨自離言詮，人人皆有個「心」，有個「念」，如何能瑩徹之，安立自在之，住持決定之。華嚴經說，與菩薩同願，同行，同善根，同智慧，同色身……。善財童子五十三參，親近善知識，「親近、親切」是我日日貼心的參思語，「說法因緣與聽法因緣」，我深有體會的渴望感念之，禮「善知眾藝，學菩薩字智」的童子。此段經文的禪境，人心渙散，如何能體解之，啊！童子語善財言，己心恆唱持四十二字母，入般若波羅蜜門，能於一切世，出世間善巧之法，以智通達到於彼岸。「恆唱持」，如同「念佛心心中佛常念佛」，「到於彼岸」，如同「貼近親切親近了人心」；語言貼近親近了凡夫的五蘊色身，身處人世間，智入出世法。法華經者參思《妙法蓮華經》序品「以慈修身，善入佛慧，通達大智，到於彼岸。」探究真心。以慈修身；修大

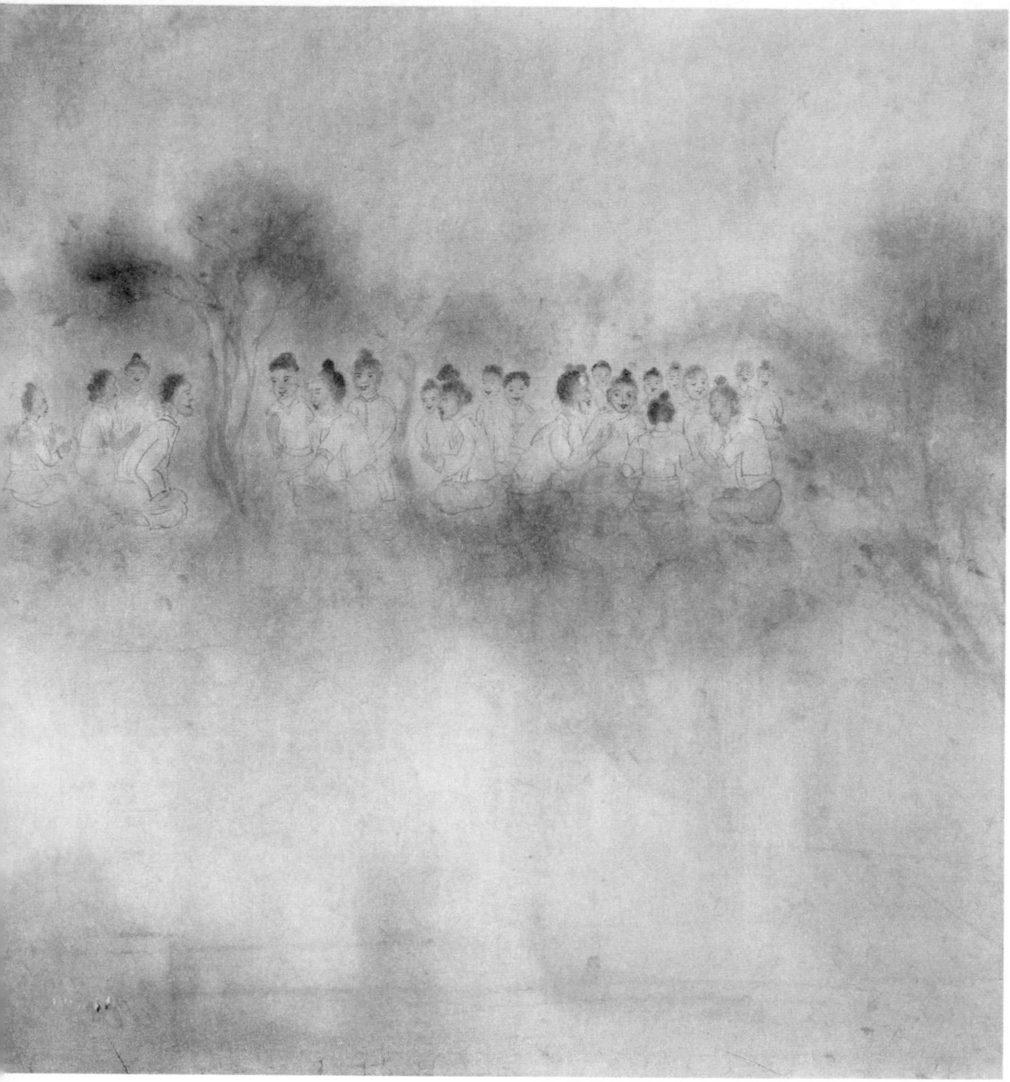

曉雲導師禪畫《樹下太子》（華梵大學文物館提供）

悲色身常護眾生，是法華經者華嚴經者度生之基，般若禪如來使生命的基調，人生唯循著這樣的大道而行，自會尋解釋懷了所有的困難，得到般若的歸宿。智慧之光，有光才能照見五蘊皆空度一切苦厄。恩師如是如是勤修般若禪之「定慧力莊嚴，以此度眾生」，度內外眾生，止觀明靜菩薩學處。

尊者依然無法說，天人何事散花飛；
曾知世寶非他覓，燦燦珠光總綴衣。
（雪峰禪師山居詩）

禪師的山居詩，總是最能貼近生活而通達人心，而親切人性，開拓人性的善根福德因緣之慧命。此刻初秋後夜孤鐘散曙雷雨大作，聽著光影雷雨聲處「真實不虛」的話語。寫著本書歲月來去不可留，「一片閒心無處著」、「都是醍醐順口嚐」，心思從意念中之「誠」透發出來，然而諸緣是幻。天人何事散花飛，燦燦珠光總綴衣。醒了視覺聽覺，沖開了道味，之悲喜交集，雷雨敲在日昨展顏的蓮花，那孤獨殘存的容顏，順著光影處，透光處，留下它淒美的身影。

天地存吾道，山林老更親；閒時開碧眼，一望盡黃塵。
喜得無生意，消磨有漏身；幾多隨幻影，都是去來人。
（憨山老人山居詩）

走筆至此已然五更天，夢中人之夢語，恩師說：「茫茫天宇霧漫漫，無限悲歡在人間；此生此世甘甜苦，都是醍醐順口嚐。」茫茫宇宙間，幻化如斯現前。夢中聽夢話，胸中能留一字否，惺惺寂寂；醒眼觀之，如寒空鳥跡，秋水魚蹤，隨緣到般若禪之故鄉，啊！梵宇空寥寥，擬向深水觀音山中老。思及「覺之教育」之覺，人誰無覺，人誰蘊入界不現前，學佛修行乃學己心之本有的知覺，唯知能覺。

「夜來風雨聲，花落知多少。」十八界是吾人日常在此作活的所知所覺，夜來風雨聲是能知覺；華落知多少是所知覺，兩者均須放下，方能轉十八界的流轉，為本知本覺，即是學佛目的在於使己心轉過來，承認自己的六根為有生滅的浮塵根；見聞嗅嚐覺知為不生滅的勝意根。如是修煉己心，眼耳不容塵埃，心光離昏曉了，六根絕了紛擾，隨到之處即是深山，始識隨緣真好。

本師釋迦文佛，由眼根悟見性；觀世音菩薩，由耳根悟聞性。總不離五蘊身心，便是清淨土，於不見流轉心中，圓明光燦爛，恰是本知本覺相逢處。擱筆靜默，體得佛法精神之撮要，端坐思惟，其路甚曠遠，明了心決定。靜默片刻，覺知被鎖在、記憶在、流動在身體細胞內的念想（執著妄想），一一靜靜地、消融在一呼一吸，念與念、間隙的照見裏；融化在「照見五蘊皆空度一切苦厄」裏；亦如一口茶香四溢的感恩之情裏。「茫茫天宇霧漫漫，無限悲歡在人間；此生此世甘甜苦，都是醍醐順口嚐。」默識這不斷的消息，這人世間最後的收穫，最後存留在己心，只有真實的慈悲，真切的柔和善順，悲智住在善美的精神世界。如本師釋迦文佛，由眼根悟見性；觀世音菩薩，由耳根悟聞性。

如是空靈的靜默，朝日鳥鳴花香、夕日流光四溢，經文內如是愉悅安恬的清芬，這沉雄的生命況味，「說法因緣與聽法因緣」，人人善思念之。見聞嗅嚐覺知，照靈鑒光明，朗朗昭昭惺惺寂寂，皆是表詮。若無知見等體，顯何法為性，說何法不生滅等，必須認得見今了然，而知即是心性，方說此知覺不生不滅耳。

生理元無住，流光不可攀；誰將新日月，換却舊容顏。
獨坐唯聽鳥，開門但見山；幻緣消歇盡，何必更求閒。
（夢遊集 X73，795a）

人生如夢，幻中幻夢中夢，當體即醒夢，故我當知時時醒夢，也計不了夢事。與曉雲導師足足一同過了三十一年的師生之情，與開良師父五十二年的母女之情，一九九六年自日本回台灣，我陪伴侍母親師父山居深水觀音道場，亦至華梵大學任教、蓮華學佛園講學，以及繼續做近世佛教思想史的研究，隨筆記錄一些自己的心語。安住深水觀音禪寺，母親師父所建造的寺院環境靜雅，得以晝夜辛勤，夜睡幾乎未足四小時亦不覺以為苦，實是止觀研心，耽般若禪味之道心極濃之時期。

走筆至此念湧「耽」字「息心」「難」之禪機，二〇〇二年春日師臨睡前吾侍於側，恩師忽然指著自己的墨寶問「肩擔行李耽風月」如何是「耽味」，又問「悟心容易息心難」如何是「息心」。翌日晚課後念了一首詩，要我寫下存起來，真是令人參究，當時自己著筆寫書有關法華思想文字，默默準備著來日出版。如是歲月之匆匆；善法因緣近期編輯了《弘願深如海：深水觀音禪寺開山祖師開良師父》、《慈意妙大雲：深水觀音禪寺因緣錄》，及書寫《般若禪，如來使：心印曉雲導師、開良師父》一書，整理這三本文字稿，得以成書感懷不已。更期望三年後能各寫一本二老的專書，想來自己真是幸福，該當惜緣惜福，因為有故事的人，也真是堆積文字稿一疊疊之生涯！

〈省難吟〉

誰謂難行而不行，且將難字秘尊親；

世間唯有難能事，奉勸不生畏難心。

（曉雲導師口占此詩偈攜勉勤行菩薩道於悟觀四十八生日）

寒山曾有言，吾心似秋月。
我亦曾有言，吾心勝秋月。
秋月非不明，有圓復有缺。
安得如我心，圓明常皎潔。
有問心如何，教我如何說。
（石屋禪師山居詩 X70，671b）

歇筆時飲茶靜聽雷雨聲，幾日的雷陣雨，也讓黃日西斜，微波似的蕩漾金絲，開顏灑落，使大地又言語了，今日大雄寶殿靜穆的菩薩慈容，輝映佛子殿內的地藏語言與夕陽，更增添了大殿祥和氣息。

方才洗已茶具，心中泛起不知名的思緒，小四開始，特歡喜打理屋內屋外煮三餐的記憶，而今僅自己泡茶洗茶具，其實歡笑的深淺，遠不及愉悅的深廣，那來自心深底處的怡然自得。飲茶的啜香，猶如法華經化城喻品，三百由旬的化城歇息施設，讓內心更能觀照得來。這生命的無常，是旦夕間之事，靜覺善導生活「治心」為首要。

華嚴經有謂通明觀；通觀通達身息心三事，即是以觀息法通照色心三事；離五蓋（貪欲、瞋恚、睡眠、掉悔、疑）具五支（覺、觀、喜、安、定）；得三明六通，明淨而開心眼。非證初禪者無以言之「無常事事乃醍醐之味味一味」，智者大師《釋禪波羅蜜》說明初禪發行者之相，啊！「都是醍醐順口嚐」：「其心任運自住真如。其心泯然明淨名欲界定。於此定後心依真如法。心泯然入定與如相應。如法持心心定不動。泯然不見身息心三法異相。一往猶如虛空故名如心。即是通明未到地也。」（T46，529）

生命，一晃眼一個春秋，人事遷流，此刻山間蟬鳴，微風幽妙地敦觸風鈴，散桂香。今日大雨過後的夕陽，大殿誦地藏經禮佛，聞見佛前蘭花飄落於佛桌上，啊！默照洗心，是禪味和諧，不必枯寂寒灰；是那清瑩至性之心情；是智慧的源泉，在光影細微流動裏參究生命大事，之慈思。如何生死淡然，望著放晴穩定的天空，雲，靜得不敢移動似的，宛若生命孤寂至，連呼吸都柔順的幾乎沒有間隙，恩師說：時間是慈悲亦是殘酷。今朝瞬成昨，人是有擔子要挑運，「肩挑行旅眈風月」。隱約地幾多世界，溫情有它的根源，相安相生，正是人之根，人之源，祝福身心康寧，在黃日西斜參思生命慧命。

寫書閱讀心跡，窮理盡性，旨在，鮮活詮說之心識，揭迷悟示真如實性，不然，天人何事散花飛。一切如是因、如是緣。書寫本書心意，借用石屋禪師山居詩，抒發寫此書，己之心跡。

安住深水觀音道場四十五年餘，幾度窗前映落霞，
幾番花落又敷，洗心室研究桌前心印靜片時。

佛子悟觀於深水觀音禪寺　洗心室

歲次庚子年立秋父親節暨觀世音菩薩成道紀念日（二〇二〇年六月十九日）

刪增於大勢至菩薩聖誕八月三十一日（七月十三日）

議計此衆可愍廣設方便而救護之
王發願早成佛道當度是輩令使無
一王發願若不先度罪苦衆生令是
樂及至菩提我終未願先成佛道佛
定自在王菩薩一王發願早成佛者
地藏經 上
十八

悟觀法師的日常定課，思專想寂《藥師琉璃光如來本願功德經》與《地藏經》

於過去無量阿僧祇劫有佛出世名清
淨蓮華目如來其佛壽命四十劫像法
之中有一羅漢福度衆生因次教化遇

滿山筍蕨滿園茶，一樹紅花間白花；
大抵四時春最好，就中猶好是山家。

著意求真真轉遠，擬心斷妄妄猶多；
道人一種平懷處，月在青天影在波。

獨坐窮心寂杳冥，箇中無法可當情；
西風吹盡擁門葉，留得空堦與月明。

細把浮生物理推，輸贏難定一盤碁；
僧居青嶂閒方好，人在紅塵老不知。

風颺茶煙浮竹榻，水流花瓣落青池；
如何三萬六千日，不放身心靜片時。

團團一箇尖頭屋，外面誰知裏面寬；
世界大千都著了，尚餘閒地放蒲團。

入此門來學此宗，切須仔細要推窮；
清虛體寂理猶在，忖度心忘境自空。
樹挂殘雲成片白，山銜落日半邊紅；
是風動耶是幡動，不是幡兮不是風。
（石屋禪師 X70，666b）

曉雲導師禪畫《就中猶好是山家》（華梵大學文物館提供）

卷頭語——凝心默照．流光如雲

誰肯深水觀音山中話岑寂！如能修得妙意根，六根絕紛擾，到處即深山，如今歸來雖已遲，始識隨緣好。

道人孤寂任棲遲，……驚濤拍岸明生滅，止水涵空示悟迷；萬象平沉心自照，波光常與月輪齊。水邊活計最天然，物外相忘事事便。

（天目中峯禪師水居詩）

下筆之時，忽然微風吹動了窗前桂花枝葉，宵分中有了奇妙的覺受，我，何事書此緣緣之緣文字，為什麼如今會在這樣的生命境況裏；原來與我的心念有什麼關係的？我還與天地之寬闊有關係否？如今我能否再行江海踏山川，尋師訪道為參禪。去走一遍吧！是否覓得有緣人可以再教給我更多的東西。妄想，想著那不知方向的遙遠，妄念，念念頓覺一切的渺小。

凝心禪訊：靜裏乾坤！乾坤寸腕前；啊！凝心默照，流光如雲。法華經者之柔伏其心，伏心守意，為克己去垢清淨之功，因此一大前提，或緣此大前提，而開啟世學之用；話雖如此須接乎佛心之旨，徹悟表裏，動靜調柔，亦俗亦真，真俗無殊，心伏矣，意守矣，這娑婆世界僅可至此境矣！鮮活燦爛的生活，要如朝陽，知秋月，此「行」之工夫，凝心禪獨坐矣！

〈獨坐〉

浮世吾身外，勞生逆旅中；誰能一隻眼，豁盡十方空。
碧海飛涼月，青林散曉風；胡牀箕踞坐，瀟灑意無窮。
（憨山老人《夢遊集》X73，792b）

「若人欲了知，三世一切佛；應觀法界性，一切唯心造。」知一切法，皆是自心，而無所著。知一切法，即心自性，成就慧身，不由他悟。知三界唯心，三世唯心，而了知其心無量無邊。知心佛亦爾，如佛眾生然，應知佛與心，體性皆無盡。

諸佛兩足尊，知法常無性，佛種從緣起，是故說一乘。是法住法位，世間相常住，於道場知已，導師方便說。

《華嚴經》、《法華經》是我日常性非日常性，默照於心田的法語，亦是報恩之參悟於坐禪前開靜後之行持。萬象平沉心自照，一念心是心的歸依。

緣緣之緣，適逢華梵大學曉雲恩師創校三十週年，深水觀音禪寺母親師父建寺四十五週年慶，善法因緣而編輯了《弘願深如海：深水觀音禪寺開山祖師開良法師》、《慈意妙大雲：深水觀音禪寺因緣錄》，及書寫《般若禪，如來使：心印曉雲導師、開良師父》思懷兩位拓土長者，華梵大學創辦人曉雲導師的深奧智慧、般若禪心中心、深水觀音開山祖師開良師父的安忍不動、常不輕菩薩風骨緣深，作為己之一生秉持佛教根本精神之梗概撮要。

於我來說，一位是佛法的啟蒙師；一位是身教的善導師，二位長者的年紀雖相差十八歲然其宗教情操，有著秉受如來使者的四弘誓願，之受職風骨，以慈修身善入佛慧；念念以大悲為首。

如是思懷猶如蓮花不著水，亦如日月不住空。修大悲色身常護眾生，念念以大悲為首，吾如今以影留照紙上，他們的生之旅如一微塵映世界，精神卻一瞬間含永遠於心印有緣人。佛觀世間如幻影。

在行持上兩位老人家繼承菩薩道的傳統精深思想與根本精神，在理念上反映〈法華經・方便品〉之人是尊貴的，以情存妙法為心的歸依，來體知佛慈悲心，觀照佛智慧，佛智空無所依，之無依處。所謂「佛自住大乘，如其所得法，定慧力莊嚴，以此度眾生。自證無上道，大乘平等法……故佛於十方，而獨無所畏。我以相嚴身，光明照世間，無量眾所尊，為說實相印。」之平等獨立無畏精神。及以〈華嚴經・如來出現品〉明如來心第十相，為理念，作為實踐教化眾生之依歸。所謂「如來以無障礙清淨智眼，普觀法界一切眾生而作是言：奇哉！奇哉！此諸眾生云何具有如來智慧，愚癡迷惑，不知不見？我當教以聖道，令其永離妄想執著，自於身中得見如來廣大智慧與佛無異」的理念，教化群萌，使眾生修習菩薩道，己心行般若禪令離妄想；行五種法師功德令離妄想已，證得佛無量智慧慈悲，與佛無異，利益安樂一切眾生，安僧護法。二位長者證得正念正覺，正念現前者，無念也，能觀無念，是為一念，可謂向佛智矣，真所謂直心正念之真如法性。

細細參思憨山老人《夢遊集》的一段話：「若證悟者，從自己心中樸實做將去，逼拶到水窮山盡處，忽然一念頓歇，徹了自心，如十字街頭見親爺一般，更無可疑。如人飲水，冷暖自知，亦不能吐露向人，此乃真參實悟。然後即以悟處融會心境，淨除現業流，識妄想情慮，皆鎔成一味真心。」

憨山大師謂此即真參實悟，證悟之生命況味也！也提點人，應時時刻刻不忘走向真理之路。如是耐人尋味之文字禪，「以悟處融會心境，淨除現業流，識妄想情慮，皆鎔成一味真心」，憨山老人真是一片金剛心，一言足垂千載。

如是深深義，道盡本無身心世界，亦無妄想情慮，即此一念，本自無生，現前種種境界，都是如夢幻虛妄不實。「淨除現業流識」為行者觀心之要務，最耐人尋味的「妄想情慮，皆鎔成一味真心」，當知味味一味「悟處融會心境」是般若禪行者之一大本領，法華經者之一番轉識成智工夫。而此工夫之得，仍是「淨除現業流識」為要務，因為淨化三業之功，而「現業」不起惡之因，如是八識田中生死流轉之塵勞，所激起之一切塵識，則不易流入無明界，無漏智慧逐漸養成，漸而形成菩提淨妙心之根深蒂固，風動了根不搖，所以妄想情慮，雖未淨盡，但皆可鎔歸「一味真心」，味味一味至此境界，一念心是心的歸依，無妄之妄雖興，然一心三觀「即假即空」，再進一步，三諦圓融，不過是習氣前塵緣影之未散淨盡矣！至此加緊用力便可除去無明煩惱。味味一味，以心體如鏡，妄想攀緣影子，乃真心之塵垢耳，所以想相為塵，識情為垢。若妄念消融於一味真心，本體自現。譬如磨鏡，垢淨明現，法如法爾，法爾如是。

此段修悟的開示，憨山老人所言修者，只是隨順自心，淨除妄想習氣影子，於此用力故謂之修。若一念妄想頓歇，徹見自心，大光明藏，清淨本然，了無一物，名之曰悟。是知憨山老人教行者，至於塵不礙空，空不染塵，行者起大用之功，首在需要「從自己心中樸實做將去」，經過一番番磨練調整，「忽然一念頓歇，徹了自心，如十字街頭見親爺一般，更無了疑」，故無有思慮粘想，則識流不入無明浪裏，皆照如來常寂光中。

百鳥不來山寂寂，萬松長在碧沉沉；分明空劫那邊事，一道神光自古今。
競利奔名何足誇，清閒獨許野僧家；心田不長無明草，覺苑長開智慧華。
黃土坡邊多蕨笋，青苔地上少塵沙；我年三十餘來此，幾度晴窗映落霞。
（石屋禪師山居詩 X70，666c）

母親師父的佛法觀「正知得正覺」，勸人不可迷信而步入迷迷不悟之途。因此感恩自幼母親師父給了佛子我一個安和的生長環境，在安詳之慧的佛教家庭日日成長裏，觀見一位安忍不動的修行者，如何一面照顧我們五位姊弟、一面救護有緣眾生；簡約的說：總之一九七九年我第一次讀誦八十一卷《華嚴經》至十忍品的內容時，深受感動心映母親師父所修的十忍境界，這些事蹟在本書略約粗略提及，可說是母親師父在日常生活所顯現的一種度生工夫，幾乎是斷了微細無明，了知諸法寂然常無性，之時的安忍安住心，而不為身邊的人事物所迷惑，如是身教，我默默觀之照了，他教我如何發現自己的本心見到自己的本性。讀過〈華嚴經・十忍品〉、〈法華經・常不輕菩薩品〉，恍然有所悟，菩薩道的生命哲學，首在明心見性，菩薩之所以難忍能忍，正因體解大道發無上心，於世間利、衰、毀、譽、稱、譏、苦、樂等事象，於己心能安忍不動。

母親師父的因緣，己之善根福德因緣，佛子自十九歲親近曉雲導師以來，聽聞恩師宣講《小止觀》、《釋禪波羅蜜》、《教觀綱宗》、《法華經》等天台教觀與止觀之菩薩法，尤其般若禪苑恭聽老人家闡釋「一念三千」深深意，深心體會「教觀相資入實相門」之修學樞機。一九八五年日本留學期間十一個深趣佛理的歲月，遊心法界於法華思想精神，以及智者大師著作《釋禪波羅蜜》、《法華玄義》、《觀音玄義》、《摩訶止觀》等之菩薩發心所為，正求菩提淨妙之法的止觀研心。

歲月在披經研悟、入佛智海、滴潤心田裏，從而確定學佛的甚深處，立腳於智者大師精湛的最勝妙法之思惟架構，一念三千、三千一念無量門，一心三觀、三諦圓融猶如大海深無底，隨其日常所樂，於己心令得聞妙聲柔軟清淨法音，承佛無上大悲智，度脫五陰五蓋三障所覆之愚癡煩惱海，個中消息別言詮。

止觀研心善巧安住菩提心的實踐生活方式，日日漸漸淨化三毒貪瞋恚心，在課業繁忙的日子裏，身心腦力如一部負重的車，吃力地輾轉，時而反聞車輪發出呻吟聲時的心境，總能給己心體解佛法之方向，有了閒居偷閒的工夫。

時而自問自省，母親師父為安僧護法；一方面創建深水觀音禪寺、一方面培育自己出國留學，實是為令自初中痛失父愛的我，能有一安身立命之處，老人家選擇了不為自己求安樂但願悟觀離諸難處。適時與唯佛清淨慧眼法眼佛眼，能照見如來出世甚難值，而發四弘誓願之菩提淨妙。

如是之信念深植，自幼少於愁心淒苦之念的我，童真念裏幾不知天地間有所謂春秋歲月，只知文字的點綴醉心文學，自十九歲接觸佛法，親近恩師的智慧，母親師父的慈悲，但妙悟文字之心中心，由「般若禪」之流匯入「法華經者如來使」，自此漸漸悟入菩提淨妙、生死齊平菩提淨明鏡、真善妙色之境地。

所謂「智自在、慧境界」的生命況味，茫茫人海中於法海偷閒之受用，啊！幾人偷得出止觀研心法！幾人精進悟得唯佛與佛，之生命真實義！

一九九六年回國以後，因為任教華梵大學及助理編輯曉雲導師的《流光集叢書》，並參研己心中所行門，於佛法有了更饒益安隱，常令己心安住廣樂，得無上法的機宜。善知流光如雲，如法音遠震，善知一切眾生心行應以禪訊調伏，方能於世出世法一切悉都無所罣礙。

如是以智自在普照慧境界，不難參悟與佛同一法性，如是覺慧之廣大甚深智境，靡不深達吾人學佛者之罪福相。在住於一地裏，更深達「唯佛與佛乃能究盡諸法實相」，得普攝一切諸地功德，得一切佛所共之法，得具足佛深廣秘要之藏。如是習得，般若禪如來使五種法師，之寶玲千萬億風動出妙音，之妙意根。方能發得四弘誓願，自以己身，奉給諸佛菩薩，為法華經者、如來使者，善入一切諸法之海，迴轉總持佛一切功德法海，法喜充遍身。

憶及一九九七年，有幸，得以先恭讀為快之機緣，一連拜讀曉雲恩師三本禪法原稿；《佛禪之源》、《禪思》、《禪話》並參與編輯工作。尤以《佛禪之源》一書中，二十八日間每天少少睡眠，在蓮園圖書室集中心力，編輯、細讀六十幾講的文稿共九萬餘字。各講文稿多次校訂、編理五個專題內容，刪增文字資料，將各講文稿補其血肉不足之處。《佛禪之源》的五個專題中，第三「西來祖意二入四行」、第五「佛禪蛻變後之省思般若禪」兩個專題中，則因文稿內容不多，靜後思惟，再次閱讀恩師有關禪學的書稿，於中擷取導師著作文稿中之相關資料，融入兩個專題中，使《佛禪之源》五個專題的內容得以補足，使《佛禪之源》初講與結集出書的過程有一圓滿的成就。

編輯完成後腦海裏縈繞著恩師的治學理念脈絡，及止觀實踐之學，緣此，終於體解了恩師提倡《佛祖統記》所闡釋的文字經藏禪、般若禪佛心宗之要義。《佛禪之源》在學術的探究上得知，中國禪觀之發展，乃由般若思想所演化開展之禪心，即佛心宗源悲智雙運之正法。實是三世諸佛所得法，教化眾生難思議。

午夜無雲月一天，飛來花氣暗香浮，悟機緣，緣遇之機。欲歇筆之際，嘆人生幾何，環視此孤獨的自己，曉雲恩師、開良母親師父、淨心師父、村中祐生教授、多田孝正教授，均如西山落日，高登西方常寂樂都了。浮光瞬息，此刻特別覺得自悲自憐，實非筆墨之可形容於萬一也！學佛四十七載以來，所為何學、何悟、何境，佛前禮拜誦經痛哭心腸不知幾回矣！而今唯一希望早日修得法華經者菩提淨明鏡，之妙心境，普賢菩薩十大願之恆順眾生，大悲色身常護眾生，有助於報恩之思。

感恩曉雲導師啟蒙，恩師的學佛理念觀念、母親師父身教的柔和忍辱善順之心、淨心師父剃度恩澤、村中祐生教授灌輸我摩訶止觀精隨、多田孝正教授指導我學問學術的研究方法。往事搖落心為筆，至此！明月清光入洗心室，感知照我顏色舒！浮現自身日夜佛前跏趺坐影，細細觀照己心微細惑，之緣影，啊！了知世間一切皆是幻化緣，當一超濁世緣。少志學佛法，十九歲親近曉雲恩師，二十九歲志遠日本遊心法界，學習十一載歸國，被華梵大學創辦人曉雲恩師善用至今，於今住深水觀音禪寺山中，倏忽掠過四十五年。此生雖忽被業風吹入幻海，六十五年了，而此一念心是心的歸依，未離寒巖冰雪娑婆世界裏的念念中也，乃為此三書以紀之，幻化塵中不幻身，法華經者善用其心，萬象平沉心自照。

記憶猶新的心跡，「法華經者善用其心」的印心，二十八歲步出三壇大戒、戒壇的當日，去恩師處謝戒，恩師持贈「覺之教育」一書時，為我開示「出家」的廣義，我當下對自己說：法華經者善用其心。

老人家的詮釋，我的理解，出家，是香風吹萎華更雨新好者，是出了三界火宅，正是遊心佛菩薩悲智家當之時，亦是寶鈴千萬億風動出妙音。是心的敬信虔誠，使己之思想超然，精神勇銳之時，在純潔簡約生活裏淨化三業。如是深觀念處是安住安坐出家身心道場，方能深達罪福相，止觀研心，出家的功德令佛子步步刻刻止觀現前矣。「獲妙道力鄰上尊，一切功德皆成就。」（〈華嚴經・明法品〉）

因此在日本期間研究《摩訶止觀》「破法遍」時，法寶潤枯腸，慰怖交感，對貪恚癡心「心起三毒即名眾生」之釋義，「一心三觀」、「五品弟子位」之功，深深體解。一心三觀、三諦圓融之妙意妙心境，是眾生開佛知見，得「法師功德品」之六根清淨、妙意根，亦是入五品弟子位之功。

三諦不同而秖一念。如生住滅異秖一剎那。三觀三智三止三眼。例則可知。如是觀者。則是眾生開佛知見。言眾生者。貪恚癡心皆計有我我即眾生。我逐心起。心起三毒即名眾生。此心起時即空即假即中。隨心起念止觀具足。觀名佛知止名佛見。於念念中止觀現前。即是眾生開佛知見。此觀成就名初隨喜品。讀誦扶助此觀轉明。成第二品。如行而說資心轉明。成第三品。兼行六度功德轉深。成第四品。具行六度事理無減。成第五品。第五品轉入六根清淨。名相似位。故法華云。雖未得無漏而其意根清淨若此。從相似位進入銅輪。破無明得無生忍。

（《摩訶止觀》「破法遍」T46，85a）

後夜孤鐘散曙，深水觀音禪寺一片穆靜，三門鎮靖，晚雲欲曙，是自然性，亦是道場之大自在，是母親師父，貢獻豐碩的身心力量，為佛教教化而工作所建造的道場。讓「法華經者善用其心」於深水觀音山中，從自在中生內力精進，之妙觀察智，此時現前「觀自在菩薩行深般若」菩薩照見五蘊空，之般若心中心；菩薩「慈意妙大雲」的精進無量；「弘願深如海」悲德無量，願力無量；使佛子吾等發乎自然性之超然，而達到「慈悲喜捨」一境之地，然而心念只留步於「自然」，一切自然之佛門，平等性，無畏性，教化義，無障無礙義，如是雖眾而一以之歸納，繁而簡之「法住法位」，「諸法常無性」，之空相實相義，天台一念三千，之「三德秘藏」，華嚴三觀法門，之「事理無礙，事事無礙」。是一簡約法門，「心空」超事相悟空，而法華經方便品「平等、獨立、無畏」之精神，無礙無著顯矣！因無畏，而自在，因自然性，而天真一味，一味真心。感恩生我育我的親娘開良法師深水觀音禪寺開山祖師。

夫法界圓融像無所像。真如清淨化無所化。雖像無所像無所而不像。化無所化無所而不化。故無在無不在化應九道之身。處有不永寂入不二之旨。是以三業致請蒙脫苦涯。四弘為誓使霑上樂。故娑婆世界受無畏之名。……

言觀世音。能所圓融有無兼暢。照窮正性察其本末故稱觀也。世音者是所觀之境也。萬像流動隔別不同。類音殊唱俱蒙離苦。菩薩弘慈一時普救。皆令解脫故曰觀世音。

（《觀音玄義》隋天台智者大師說．門人灌頂記T34，877a）

願，但願！善法因緣而編輯了《弘願深如海：深水觀音禪寺開山祖師開良師父》、《慈意妙大雲：深水觀音禪寺因緣錄》，及書寫《般若禪，如來使：心印曉雲導師、開良師父》一書的出版，讀者能知兩位拓土長者，華梵大學創辦人曉雲導師的深奧智慧、般若禪心中心、深水觀音開山祖師開良師父的安忍不動、常不輕菩薩風骨緣深。以為參究，見賢思齊發長遠心道心。

筆者如是解如是思，兩位拓土長者之慈悲智慧，願有緣人參思細參思！感恩今年適逢華梵大學曉雲恩師創校三十週年，深水觀音禪寺母親師父建寺四十五週年慶。緣緣之緣，事事層層相生，環環相扣之思，成就了想了多年的心願，雖未盡完善不盡人意，總算是了半個心願。編校或有未周，在所難免，望先進讀者大德賢達，不吝指正，是所至盼。

佛子悟觀於深水觀音禪寺洗心室

歲次庚子年護法韋馱菩薩聖誕日（二〇九年七月二十三日）

刪增於立秋父親節暨觀世音菩薩成道紀念日

目錄

第一輯
般若禪行者

第二輯

我的母親師父——契理契機事究竟

第一輯

般若禪行者

般若禪苑碑文：

《般若禪》

般若佛母，禪行般若母，教戒禪行母，般若主照，照五蘊空，悟無所得。如來藏性清瑩，無塵智照。天地寥落，宇宙寬廓，體大用大，大而無大，絕待超宗。如天河之不息，似孤月以常輪。應物而號，隨物而造，常住常存，不生不老，寂而常照，然非目睹，照而常寂，惺惺非無。共勉我人，頓悟漸修，漸頓調柔，無假語噪，靈山法脈，西來玄奧，如來禪行，行乎至道，祖師禪法，不異法門，入不思議，般若實相。皓月寒潭，萬古長空，行人就路，盍歸乎來，牧牛青草。

湛山門下能淨曉雲戊午元月旦於般若寮

誓願作教育界的一頭耕牛；教育與我的生命是一體的，它將陪我到生命的最後一天。

——曉雲導師慧命法語

他老人家說：「誓願作教育界的拓荒老牛，直至生命的最後一天」。如是的菩薩精神之弘願，「對般若禪之欣喜」是中國佛教融合思想所呈現禪修道路的精華。回歸佛陀教育的本質，全面「覺之教育」，般若禪佛心宗的思考。恩師般若禪所呈現的中國佛教融合思想，這一方面的論述，將另有專書論及。

每每思及，他老人家說「誓願作教育界的拓荒老牛，直至生命的最後一天」。

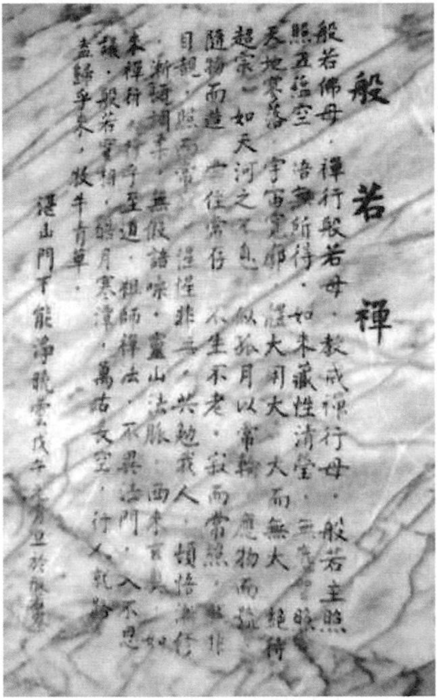

我由心深處觸動著感恩、慚愧的淚水，而融化著我的人生理念，生命方向。吾等學子能不快快成長、跟隨伴吟於他老人家的教育理念中嗎？！這是早年的自我期許。一切眾生舉世宗重，言必信用。

熏修極熏修，純淨極純淨，生命自尊嚴，歲月自可貴，靜思獨自靜慮，人生之一大事因緣，《妙法蓮華經》之開示悟入佛之知見道。

生死平懷，唯有盡獻心身，如燭光燃燒之時，光照自己，的同時也照了有緣人；而自身之光燃盡時，將有更多的燭光，繼之，而燃之，而照了，而善導之。生命語言，有甚麼比受到心目中的人格典範，親自提點教授，更令人法喜法樂。

天地寥落。宇宙寬廓。中有煙塵。清虛翳膜。巍巍之形。內神外靈。妄有想慮。真一闇冥。其妄有識。其真有惑。非取而取。非得而得。是故理則無窮。物則無極。……應物而號。隨物而造。常住常存。不生不老。理合萬德。事出千巧。事雖無窮。理終一道。無有證者。無有得者。然不證不得。恒處心惑。其心不真。……有妄曰愚。無妄曰真。真冰釋水。妄水結冰。冰水之二。其體不異。迷妄曰愚。惺真曰智。……夫學道者有三。其一謂之真。其二謂之隣。其三謂之聞。習學謂之聞。絕學謂之隣。過此二者謂之真。

（《寶藏論》廣照空有品第一　釋僧肇著 T45，143c--144a）

今所以喻蓮華者。乃明人人本有之妙蓮華藏也。謂此蓮華因即具果。而果復含因。以今因繼果。則後果之因已植。由今果含因。故先因之果元成。正明眾生心內。早具已成之佛。諸佛心中。又孕未來之生也。以懷佛之心為因。佛終無盡。以孕生之念證果。生亦曷終。以劫劫之佛。度生生之生。以生生之生。成劫劫之佛。如天河之不息似孤月。以常輪古今如是。諸佛古今如是。眾生無不具此蓮華。能悟此蓮華。即得自己妙法。故以妙法蓮華。為此經名也。經者。徑也。古今不易之常道也。梵語修多羅。此云契經。謂上契諸佛之理。下契眾生之機。契理契機。故名契經。又經者。法也。常也。十界同軌。謂之法。三世不易。謂之常。乃十方三世佛佛所演之常法。

（《法華授手》X32，611bc）

序言——佛種從緣起的一味真心

諸佛兩足尊，知法常無性；佛種從緣起，是故說一乘。
是法住法位，世間相常住；於道場知已，導師方便說。
（《妙法蓮華經》方便品）

「我不敢輕於汝等，汝等皆當作佛。」即正因佛性。又云：「為令眾生開佛知見」，即了因佛性。又云：「佛種從緣起」，即緣因佛性。……《涅槃》二十五云：「究竟畢竟者，一切眾生所得一乘，一乘者名為佛性。以是義故，我說一切眾生悉有佛性，一切眾生悉有一乘。」（《妙法蓮華經玄義》T33，802c）

世間常住者，即十法界三十世間，一一皆住真如法位，法位常故，世間亦常。（《觀無量壽佛經疏妙宗鈔》宋四明沙門知禮述大三七・二〇一上）

「定慧力莊嚴，以此度眾生。」方便品，「以慈修身，善入佛慧；通達大智，到於彼岸。」序品，此為恩師般若禪之心路歷程的為學，為修行，為人為事，之其中樞機矣！而圓滿「佛種從緣起」的善法因緣。

最後提筆欲寫「序言」，悲涼與淒惻環繞著我心，心中暢響起《隱約風帆》（黃日西斜）這首詩歌的生命意象，藏在字裏行間。憶持起，是恩師圓寂前一晚，自我吟哦著的生命情境，老人自許，願終生於教育文化書畫事緣，如今身被困在般若堂，心卻是與大自然默契。啊！白髮蒼蒼流光不可攀，寂寞到有點似乎回憶起四十餘年前，當時默默哦誦自我生命苦樂的尋解承擔，之耽玄容顏，之禪觀沉吟……。驀然抬頭望見「山海外的隱約風帆」，是生命之雄，歷盡滄桑後，門門通心畫，藏藏照圓融，的盡此一報身明佛心宗，開示悟入的一股真誠之生命體。

默坐身旁的我也跟著吟唱，恭敬默視著老人的神情神韻，觀覺著這一奇特的生命況味。隱約風帆（黃日西斜）這首詩歌，畫下了一個生命的句號，也點燃起了一個毅然決然的生命體，都是成就在「山海外猶隱約風帆」的生命本然裏。一種超越思考的狀態，真實的「生命之雄」這一幅，萬緣可息，萬念可空，何其有力的在「山海外猶隱約風帆」之空間栩栩如生的，透視著己心遠近的生命情懷。這一幅畫想，是思惟修和日常性對話之後的，覺之，在那空間的己心，領略「寂照」。自我凝心攝念寂靜的「空性」，在「山海外猶隱約風帆」的生命之內，藏著，生而為人的一種奧妙，是「山海外猶隱約風帆」之生命體的秘要之藏。

走筆至此，憶想起恩師的黃日西斜，恩師垂暮之年安養於般若堂，一日感慨的說，為大事用心當自珍重，打著自己的臉，老來閒情在何處，真是老藤自縛，一生強言教育吃力不討好，仍不斷為不討好的教育工作而繫念，但是我仍不忘死生大事橫在心頭。

我聽了心裏滴著淚血！是啊！惟願慈悲攝受！恩師心身性命裏參究了「希更審

除微細惑」，生命的精彩是必須有佛法陪著孤獨的人生，恩師如是的為自己生命歷程，清楚畫了個框架綱領，自我做眉註科判觀待生命本質。老人說出家人晨起摸頭，僧服一穿上後便是至生命的最後一天，都要觀照己身的生死大事。恩師這一生搭上了佛教教育的職志，發願教育的工作陪自己到生命的最後一天。工作就是生活，修行便是生命；是發了願心的人生，老人親近了自己的佛菩薩性，實踐悲智精神菩薩道的人生。

無怪乎海天門與黃日西垂，是我們這些親近者所愛吟唱的兩首詩歌，它是有生命情懷之心跡，與心身脫落的意境。環宇周行歸來，之舊日閒情的自我吟哦，歸來也！歸至法華塔畔磐石趺跏，感人萬千的生活際遇，匯歸入般若禪覺之佛教教育！一切一切的舊日閒情都擬放下不上心頭，誰知禪前定後根塵相對山海外猶隱約風帆，這是何等悲喜交集之夢覺；雖感人生歲月之易逝，而生悲涼與淒惻之心境，但是般若禪覺之教育工作之慈悲攝受，盡心盡力時刻觀照，覺照之，悠悠化導，自覺覺人，自照照人。老人說願生生世世為如來使佛使，善與人同資平等佛慧。

〈隱約風帆（黃日西斜）〉

黃日西垂，風吹枯草沙沙，法華塔畔暮色如畫，法華塔畔磐石趺跏，舊日閒情不記，山海外猶隱約風帆。

今年的浴佛，心中微微更能感恩，悉達多太子宿生慧業的感召，為一大事因緣故出現於事，為令眾生「開示悟入佛之知見」「正法眼藏」，「藏」這個文字，一直是人類無窮盡的希望，有著無邊的微妙深深義，「佛種從緣起」，含藏著慧命開拓的可能性。所以才有菩薩精神，精進努力著生命的決心，一探人生究竟徹底之悟，超倫絕待之菩薩大心大行。

菩薩成佛，經三大阿僧祇劫修行的本生談，是菩薩行門的故事，說明了，太子菩薩修行，這一念回光，不是偶然，而是經歷了一番大生大死工夫的必然結果。一念圓照，究心法而藉色身為用的般若禪觀默證。

《華嚴經》十迴向品的本生談體現了菩薩修行的法門，與入法界品的善財童子五十三參，更是因發菩提心，而體現菩薩成佛的深刻內涵。華嚴義理與理趣，有著生命故事的至始至終，醞釀著，息息相關的《法華經》方便品「唯佛與佛乃能究盡諸法實相」的「涅槃妙心」之底蘊。佛知見的正法眼藏是菩薩行深般若禪，進而開拓諸法實相之涅槃妙心。法師功德品的妙意根、妙心，是以涅槃妙心轉得正法眼藏、佛之知見道，是本生談菩薩妙心為契理契機的，般若禪、止觀研心之法。

「若人欲了知，三世一切佛，應觀法界性，一切唯心造。」「三界無別法，惟是一心作。」「諸佛兩足尊，知法常無性；佛種從緣起，是故說一乘。是法住法位，世間相常住；於道場知已，導師方便說。」啊！「將此深心奉塵剎，是則名為報佛恩。」早年止觀研心，一日半夜醒覺，如是三則法音來到我的心靈深處，迴響、叩問、尋解，清晨夢覺，參思著，是否也應將如此誓願法語，將之貫穿於生活點滴。

俯思導師法乳之恩如天，浩大莫名之，意之所到處即發，所謂「心之所發便是意，意之靈明處謂之知，而意之所涉則是物意未有懸空的，必定著於事物。」因之本書以隨筆的方式呈現，是自己信手拈來，讀著心跡揀擇隨時閱藏知津，與己心閱歷見聞種種融為一體，匯入生命核心思考樞機的文字。憶及恩師三十一年、母親師父五十三年所教授的種種，影響己心思惟甚鉅，從記憶裏讀著己心的覺受。

執筆書寫，思潮如泉湧，流出，源源不絕於心性之一心念道，得魚忘荃般寫著寫著，不知不覺竟達十萬多字。心想簡擇約三萬字，成本書第一輯「我心目中的般若禪行者」之文，餘文將來另有專書，論及恩師般若禪所呈現的中國佛教融合思想，闡述恩師的般若淨化思想，菩薩悲智精神之弘願，「對般若禪之欣喜」是中國佛教融合思想，所呈現禪修道路的思想精華。回歸佛陀教育的本質，「覺之教育」，般若禪佛心宗的思考。至終因體力時間而只刪減擇取至六萬多字。

中國佛教思想史與信仰史在時間的巨輪轉到南宋時期，便進入理所當然的融合思想的巨影中，何以言巨影，因為在時空裏展現了華落蓮成，開合之間的始終心要湛然澄寂。般若禪行者，是憶持中的巨影，體現人人本有之妙蓮華藏。

我在《法華經者的話》下冊一五四頁，如是詮釋般若禪。「果成華已空，天台禪觀的淵源是般若，可以說般若本身即是禪，般若禪本身就是佛菩薩性，因之不知佛法空理者，難修得禪定之功。何以如是理解呢！般若是禪，乃貴於實踐起用；以般若內明之功，啟菩薩悲智之用。『定慧力莊嚴以此度眾生』的修法，是法華禪；是佛教的根本精神，是智者大師所謂繫心鼻端，止觀研心。《大安般守意經》：『行寂止意懸之鼻頭，謂之三禪也。』」

「應物而號，隨物而造。常住常存，不生不老。理合萬德，事出千巧。事雖無窮，理終一道。迷妄曰愚。惺真曰智。……夫學道者有三。其一謂之真，其二謂之隣，其三謂之聞，習學謂之聞。絕學謂之隣。過此二者謂之真」（《寶藏論》廣照空有品第一釋僧肇著T45，143c—144a）。恩師在「般若禪碑文」扣動者天台以般若為觀法，以法華為宗骨的思想之時，引用了僧肇大師《寶藏論》廣照空有的精華，與《法華授手》的核心思想，於此在在呈現出，南宋以後中國佛教融合思想，是般若淨化思想，菩薩悲智精神的闡述。

走筆至此，閉目默照心跡，人，人，這生命的一味平常。想想其實也只是平平貼貼，一味平常。「道人一種平懷處，月在青天影在波」，之思，之祈禱，自淨其意。蓮華時節，荷花的開敷，如同十二因緣，只為一欲事，是一種生命欲望的表露，是一種生命昇華的禪境。守著光影，一瓣最後的風華；守著露水，華開蓮現的風光。日日開合之間，至終撐著風雨的淘洗提煉，只為展現華落蓮成的巨影。菩提一色香永無退轉。覺之教育，解髻中明珠，以一味雨，潤於人華，各得成實。感恩妙法如華一地生，香風吹萎華更雨新好者。

一日服侍恩師用午齋，我默坐在右側後方，能知恩師用齋動靜，又不微擾老人用齋。默然呆坐著，我似乎是一種靜默自語，想想恩師嘗謂：為華梵教育之事緣，常作繭自困，然亦似樂此不疲，悟觀啊！般若禪之「以慈修身，善入佛慧；通達大智，到於彼岸。」「定慧力莊嚴，以此度眾生。」度內外眾生，他得力於忍辱精進後的定慧般若禪。是啊！望著老人用齋的側影，因為有佛法療癒安住心身，勞頓困厄的感覺傷心掠上心頭時，恩師視如飄風不終朝，這該是昔日課堂上恩師所謂般若禪之轉依的寫照，恩師用自己的生命詮釋，因空有妙運之般若二輪，則禪定後之行證的功果，為如是矣！啊！靜中消息我知之矣！我得其中之端的義，其中之奧義矣！

恩師說，佛陀的園林自然教育是「覺之教育」的過程，而「覺之教育」乃人性自尊自貴莊嚴之大道。是以佛陀教化眾生，見性在乎「明心」，佛經是開顯人性中「明心見性」的經典。《法華經》方便品云：「諸佛世尊，欲令眾生開佛知見，使得清淨故，出現於世。欲示眾生佛之知見故，出現於世。欲令眾生悟佛知見故，出現於世。欲令眾生入佛知見道故，出現於世。」

佛以大事因緣出現於世，為眾生開示悟入佛之知見道，般若能開佛知見，是從未覺而今始覺，故而「開」。身處「始覺」緣中，漸進漸入，《法華經》法師品，如人鑿井，漸見濕土；見濕土矣，知菩薩近處得正念現前。如是之湛然澄明，明心見性之境，有賴般若禪觀，之開示，而悟入佛之知見道，行菩薩道而顯自性清淨心。如是般若禪雖能開示佛之知見，法華之詮四悉檀悟入佛之見道故，均假於文字觀照般若義，消歸實相門。法師品：「此經開方便門，示真實相。」二者之要在一心，佛語心為宗，應是天台般若禪法華禪之稱也。

吾人現前一念介爾之心，絕諸對待，無前後，無方隅，豎窮三際，橫遍十方，具足體相用三大。宇宙人生中，一切日用云為，興心動念，不外此三大之互攝互影。如華嚴經中之因陀羅網，微妙光燦。吾人般若禪觀一念淨心，一心湛寂，全身總是大悲體。《法華經》方便品云：「是法不可示，言辭相寂滅」乃法華禪也，法華詮方便妙諦，「知一切世間，天人群生類，深心之所欲，更以異方便，助顯第一義」，乃此「為是眾生故，而起大悲心」。參究法華經中之菩提淨妙第一義，與四悉檀之第一義悉檀，則無說而有說，有說而無說，安樂行品中之「行、不行」，「不行、行」，妙在世界有說，第一義無說。佛菩薩與有情眾生之緣，是以諸佛菩薩，為世界因緣而有說有行，於自法性則無說無行，有無皆不可得，妙歸無言說。般若禪開拓法華四悉檀，令其心性之轉依，不依「識蘊」而依正知正智，實乃人世間之一大幸福，法華經「大白牛車」之悲智雙運，詮四種悉檀之自他兩利教化方案，以成就世界悉檀為首重、為詮義。佛欲說第一義悉檀相，而說般若波羅蜜經。佛法中實有，以世界悉檀故實有，以各各為人悉檀故實有，以對治悉檀故實有，以第一義悉檀故實有。

藉般若遣蕩之功，止觀建立之妙，而禪境淨心；天台以般若為觀法者，即根源於淨化之法，扶律談常之涅槃三德，是天台止觀建立所依之三德祕藏，三德具四德（常、樂、我、淨），菩薩至此境界，體用一如妙樂無窮，於此妙心妙行之行持中，依四悉檀為成熟眾生之大法，「佛欲說第一義悉檀相故，說是般若波羅蜜經。」（《大智度論》）。

六百卷般若經，以《心經》而為般若膽，實是，照見五蘊皆空，真實不虛度一切苦厄，即是開佛之知見矣。般若禪法華禪行者之修，以「開示悟入佛知見道」，以佛之「知見」為己之知見，以佛菩薩之「行處」而行道，則一切簡化明瞭，非難處，非易處，盡在「一心」。

靈知寂照者，佛之知見道。「佛自住大乘，如其所得法，定慧力莊嚴，以此度眾生。」《法華經》方便品。大乘是心性之異名，定慧止觀者寂照之異名。止觀善巧安心法，住心一境是為凝心攝念。行者念佛之時靈知寂照，諦觀現前一念心，凝然寂靜了然洞徹，是為智者大師所謂之凝心禪，悟佛知見。

細細參思，修止觀者是意識之功能也，攀緣永息是心經之無所得、說名為「止」，凝然寂靜如理觀察洞鑒說名為「觀」。《華嚴經》：「三界無別法，惟是一心作。」心佛眾生三無差別，觀念佛心者，洞鑒念佛心心中佛常念佛。心不獨生，必托緣起，行者念佛之時，意根為「因」，如來佛號（法塵）為「緣」；所起之念佛之念是所生法。觀此根塵能所，三相遷動，新新生滅，念念不住。若根若塵，並是法界起，一念亦爾，塵剎諸佛一念照明，六道眾生剎那普應亦爾。

因之，洞明因緣生法，之緣起法，惟是一心作；洞明緣起亦惟一心，止觀研心。止觀者性之用也，寂照者性之體也；慧思大師與智者大師，如是理解，大乘是心性之異名，定慧止觀者寂照之異名。大乘止觀法門有謂：止觀用也，本乎明靜；明靜德也，本乎一性。諸妄永寂名之為止，大用繁興名之為觀，此之止與觀乃依大乘自性清淨心而得起寂照明靜之境智，是故修止觀者必以心性為所依也。

「佛子！此菩薩摩訶薩如是觀已，復以大悲為首、大悲增上、大悲滿足，觀世間生滅，作是念：『世間受生皆由著我，若離此著，則無生處。』……佛子！此菩薩摩訶薩復作是念：『三界所有，唯是一心。如來於此分別演說十二有支，皆依一心，如是而立。何以故？隨事貪欲與心共生，心是識，事是行，於行迷惑是無明，與無明及心共生是名色，名色增長是六處，六處三分合為觸，觸共生是受，受無厭足是愛，愛攝不捨是取，彼諸有支生是有，有所起名：生，生熟為老，老壞為死。』」（《大方廣佛華嚴經》十地品T10，193c—194a）

前言——般若禪是覺之教育的猛著精彩

「般若禪」，是華梵大學創辦人曉雲導師提倡「覺之教育」，靜與淨的根本行門教理，千古獨步之說；千載獨步之創舉。恩師曉雲導師，在華梵佛學研究所，與華梵大學東方人文思想研究所合開的一門課程，「禪源」六十三講。以般若禪，天台止觀為核心，以信仰史的觀念參研根本佛教禪源，以教理史的概念佐以歷代祖師大德禪觀，探討每一時代階段性的禪法。恩師命我於一九九九年編輯成書《佛禪之源》。「般若禪」之禪戒相彰，智者大師《摩訶止觀》方便行、正修行有詳細解說，我在《法華經者的話》一書言及概要。

般若禪法實修之門，曉雲導師，於早年在永明寺蓮華學佛園的「般若禪苑」圓拱門左外側，《般若禪碑文》中明示，是集恩師半百歲月的思想行持精髓梗概。此一碑文因展轉的搬遷，我任華梵大學董事長的第一年將之重現於校園內「般若禪苑」的「般若堂」外門側。

本文末是總務處當年的建檔文字，今日於書中記一段如是如是報恩重建《般若禪苑》「般若堂」內浴佛，及重造複製《般若禪碑文》於校內之因緣，以示「覺之教育」於華梵大學辦學上實質之鎖鑰意義。

在《般若禪苑》重建落成第一年「般若堂」的浴佛，我寫下如是的文字。

華梵大學般若禪苑般若堂《灌沐佛靜聽心音》日昨聽法師們唱誦：我今灌沐諸如來，淨智莊嚴功德海；五濁眾生令離垢，同證如來淨法身。

啊！五月思佛憶母懷師恩，寂寥天籟通禪意，日昨敬誦《法華經》化城喻，至宵分寫了一段文字，是最深層的覺受。生命寂寥地過，抑或熱鬧地走著，其實與人的生之旅沒有太多的關聯。生命，只是一個無常體真常裏自然的過程。

憨山大師說：春日才看楊柳綠，秋風又見菊花黃。浴佛安靜的早晨聽著落葉落水聲，浴佛台桂花香飄送來的覺受，遠比書中的文字，親切親近人心。見聞嗅嚐覺知，原是己心中的本地風光。年復年，過了春分迎秋分；日復日，日出於東落於西，是人一生的縮影。靜聽灌沐佛天籟，滴天露香，滴滴天露撲簌簌地伴吟著浴佛偈，倏忽然地吟伴心音（意），影現感創辦人曉雲導師一幅禪畫「肩挑行李耽風月」，如是浴佛如是情懷。思佛憶母懷師恩。

今年庚子年似禪林教化般的氣氛，華梵大學年年的浴佛，在般若禪苑重建落成啟用起至今善用之。我說今日是華梵大學禪林教化，山居思懷的日子，如煙霞霧濃濃濛著遠山近樹，如斯之景，教職員生，分批於般若禪苑般若堂內，參加浴佛典禮活動。無心則已介爾有心，浴佛醒覺己心的同時善體曉雲導師創辦人教育宗旨，揭古言今，融佛法、文化、藝術、自然環境於華梵大學，培養青年人的人生觀。

浴佛心念的言語放慢，善用其心之念，自會通透。浴佛祈福，感恩菩薩總是這麼的疼惜眾生、護念學佛者。意境深遠之沉澱力量，無聲的光和影，出塵之想，道出生命即是精神性，氣韻生動的精神性便是真理，是浴佛的功德意義。

這樣的覺之教育精神，能從忙碌的生活中，靜默一些時間，浴佛祈福，觀見我們的心到底為何為教育而忙，的靜中看，而有所領略教育生活的風趣。教職員生，人人見晨光影像伴著堂內浴佛，透過影像紀錄望見，不可見的意識光譜。

浴佛時凝視，悉達多太子，影像，當下現前的言語，意象，間隙流光不可攀，浴佛水滴落的隙間，閃爍的微微水光，似山泉水，流水潺潺，流光閃過生命刻痕的隙間。本師釋迦文佛的本生談，菩薩精神；是流光不可攀的間隙。自然凝心攝念，是在燃燒生命熱能跡象，浴佛本身，是凝視與留影，如此在教育環境哩，領略一番風情，又還諸天地，只把刻骨銘心的氣氛，透過光影來說說：浴佛幸福溫暖所影射更深一層的思惟，於生命的職志「覺之教育」裏，當下即是「般若禪」的佛法體驗。

浴佛台，花園景象裏的「和光同塵」，似望見創辦人曉雲導師的身影，如是身影，一任流年暗中換，謹記在心底深處的感動，一個呼聲，平等獨立無畏，窺見生命意識的間隙，念頭的隙縫裏有光塵。

這端倪，如何照見，奧秘的覺之，之道。含斂光芒，混同於塵世，照見五蘊皆空，度一切苦厄。能除一切苦，真實不虛。

浴佛畢在董事會般若禪行菩薩前思索著，啊！借鏡世法顯佛法，鏡影佛法而明辨世法。感恩祝福，想要有如是工夫與信心，需藉著天台觀心法要「般若禪」的熏修，才有善根福德因緣推動「覺之教育」，這是今天浴佛，及與大家談完話之後，自己的結論。

華開華落了，等待下一季另一個生命再起。法雨潤人華。

日月如飛鳥，乾坤似轉丸；浮生忙裏度，誰向靜中看。
長明一碗燈，夜對心更寂；多少醉眠人，夢中狂未息。

一念忘緣寂寂，孤明獨照惺惺；看破空中閃電，非同目下飛螢。
世界光如水月，身心皎若琉璃；但見冰消澗底，不知春上花枝。
門外青山朵朵，窗前黃葉蕭蕭；獨坐了無言說，回看妄想全消。

（憨山老人山居詩）

往日如煙抵一吹，登高憑弔且徘徊；
猶是仲春花半了，薪爐火盡漸成灰。
（曉雲導師）

自己也不知從何時開始，己心有個真言語，是一種自知之明的覺，是十九歲的前後吧！還是更早在十三歲時。學佛後更深信《法華經》真實語「佛種從緣起，是故說一乘。」雖偶爾也會被習氣遷流，然而念念未放棄過；無業不成娑婆，時常勉勵自己，也勉強自己精進淨化三業的實踐行。一九五五年代出生的我們，身處傳統價值到現今的世態，這樣的過渡時期內容，讓學佛後的自己，瞭然於胸的是科技進步的代價，人心變異在五種感官幻覺裏，深深覺得，第六意識未轉時，心的可怖畏者，如水流浪。時刻細味移染習為淨習之得智光。觸景照心其義了了。第一本書《般若與美》的意象是普賢菩薩十大願生命情懷的寫照，善財童子遊心法界、寫影菩提心智五十三參，照了普賢菩薩心智、之十大願行門。

研經數十寒暑以來，最印心佛法法要者「止觀研心」，所以我常影攝心君，說般若心經是三藏十二部的縮影，我視心經為「般若禪」。惟「禪」之一字通佛心，照見悉達多太子菩提樹下降心魔的行門，禪之一字、亦是開拓三藏十二部的樞機樞紐。所以心經是般若膽，是般若心中心之妙意根。湛然大師止觀義例云：「天台以法華為宗骨、以大品般若為觀法、以大論為指南、以大經為扶疏」；如是也可直接言及，智者大師的法華禪「止觀研心」即是般若禪「能除一切苦真實不虛」，亦是佛心禪尋解佛禪之源、「菩提樹下降心魔」之法門。無門則無能窺其堂奧、觀其幽邃。

學佛，學「轉識」，意識不轉，一個念頭生起，就有九十個剎那，一剎那又具九百個生死顛倒妄想生滅的心；念念生滅相續無窮，如水涓涓，如燈焰焰。所以學佛首要於，思專想寂，好好看守住我們的心，究竟它在想些什麼？「但觀一念心」，是天台祖師的叮嚀，教導行者隨時要知道自己的心在想什麼，方法是數息法，時常閉起眼睛反觀內照，當「心」在妄想時，要告訴自己，勸自己，不要吧！不要胡思亂想了，我想這是「但觀一念心」的第一步工夫。能夠把捉得住如是的工夫，就能把佛法運用在心中，這也是佛陀教導我們的菩薩學處。

因之，學佛的人能轉自己的意識，智慧方得增長，能令智慧日日增長，淨三業增福慧。業，是一種潛在的力量，人生苦樂參半，種種煩惱都是由於業力所帶來的。我們生命裏，有很多事情是需要忍耐的，以慈柔來撫慰的，因為這些都是自己的業力所帶來的憂煩，要這樣的觀想，心也就自然的會平穩下來，同時也是一種覺悟。《法華經》說：「定慧力莊嚴，以此度眾生」是「般若禪」之要義，我們學佛的人，應該如是如是勤修止觀明靜菩薩學處。

所以增長知識的記憶，無法自拔人的「惛沉與散亂」，訓練在日常性讓身口意的行為，能如法的作用非日常性的戒定慧，才能如實覺知的，將散亂心轉為專誠精進的心，進一步了知惛沉一定是從內心發出，然而我們不易覺知。吾人因為意的散亂讓心變得容易惛沉，所以只要凝心攝念貫通佛法，則容易醒覺刹那所起的闇識惛沉，現前時要對治柔伏它轉化它，讓它成為修心養性的因。

知道這人間像，一層一層的剝落，何必問這無語的滅去，只需「識通塞」，吾人處境如何，還是一起存活在這人世間，以法為食，以戒為寶，身體的行儀由戒生出法財，道出眼耳鼻舌身意不思議的寶，善用其心的思惟這些，眼看不見耳未聽聞的寶，許多好多剎那間倏忽間即成過往，入出息念戒定慧，一點一滴，進入自我人間像的核心，覺受呼吸，心法與色法，無常、苦、空、無我，淡然淡化憶持於佛前，自我疏通心脈，忽然湛心，使痛與苦無從依附，一花一葉是功德友，化通佛法轉化為心的呢喃。

獨處時耽味佛法，漫步時聆聽佛法，吃飯時聆聽佛法，喝茶時聆聽佛法，歇息時默照佛法，睡覺時默照佛法。

先以定動，後以智拔，定法持心身有色力，於諸境界心無所動，自覺心神易可攝錄，此之善根，抱情悅豫心識明力。如是，身為發戒之由，息為入定之門，心為生慧之因，此之身息心三事相依不得相離。因之，戒法是這人世間生存的因緣。戒法是這人世間生存的因緣。恩師說，唯一的對人與人的共處和諧，就是精進提倡「覺之教育」。則一生的辛勞，就相當值得而有意義了。

因此想到以「般若禪」淨化心識，藉此以產生智力善斷與慈悲濟眾之貢獻，是

「覺之教育」，從知識灌輸以外，更是生活「淨化與悲智」的培養，是徹底之教育，親切地心與心聯繫之教化，更是是感格之教導善化。所以覺之教育是語言施設之教，忘情默契之，以教印心的教育要行。

佛陀親切的教化，戒定慧三學是佛法之大綱，出苦之要徑也；戒者修心之基址、習禪教智慧者學道之門戶、參禪定慈悲者增上菩提心之要行。般若禪行者時刻但向心田中保護菩提嘉苗，視般若經文為苦口良藥，體解過道理，般若水直滴滴入口，從咽喉灌入臟腑，三百六十骨節，八萬四千毛竅，皆為藥味所透。發初禪時，即豁然見自身九萬九千毛孔空疎，氣息遍身毛孔出入，雖心眼明見遍身出入。而入無積聚出無分散，來無所經由去無所履涉，實是般若禪之覺之教育洗心的本懷。

聖人以此洗心退藏於密，義極於般若禪之教育。從見色聞聲處分疏得下，從語言文字中照剖得來，方知覺之教育，聖人慈示，說來說去，無不是者箇道理，洗心，千變萬化，總是一條覺之線索。此一條線索，具足千變萬化，便可坐微塵裏，自轉自覺大法輪。「剖一塵，出大千經卷，以大千經卷，收入一塵。」般若禪與覺之教育，宛然不相映奪，是謂至顯至露，至微至密之教育準則。是謂心無可洗而洗，本無能洗所洗，而能洗所洗宛然不濫；佛禪之源，傳佛心印，般若禪，照顧身病以指印心。可謂一念不生全體現，若離現前一念，別求一念未生前，謂是向上一著，當知念即無念，故云未生，喜怒哀樂即無喜怒哀樂，故云未發也。

如同日間被一些雜事追趕著，黃昏入大殿禮佛誦經，令心熏修不動如山智如海，於日常生活方有省察工夫，「燃心燈」於佛前。油是引光之源，心燈之油是自我提煉的般若禪止觀行門，也是我們生命力的展現，而要光得亮，還須時時精進照顧，「以福資智」。想，想向上一想，人生路程裏，福中之勝，莫過於用功「定靜」，般若定靜寂照是生命之福中福的福吉祥，「福吉祥法喜法樂」如油助燈也。

心燈亮了，照內照外，日常所作務的即能符合人理事理，而成就人性的本分，這種「性分內事」就稱之為道理佛理，這理體的佛性，乃由人事作務中彰顯的，此即是自我的覺之教育。即接觸人事的當下，能訓練自己教育自己，不起分別好惡之心，用性分內的理來面對人與事。所以「人理」是做「事」的成就；「事理」是成就人性的本分（性分之事——佛性）。

走筆至此參悟曉公導師法寶（人理事理如法佛理現前）於日日禮佛誦經後，更體知、對治自己的習氣煩惱的當下，須臾間，告訴自己要柔伏其心安忍他人的習氣無明，善用其心來體得「性分內事之理」，人與事皆合「理」，也是日常性中、性分中的智慧與慈悲之作務。事造三千，理造三千。

福吉祥者定寂身心，以福資智。

慧吉祥者寂照意念，以慧資福。

成就四安樂行之「事造、理具」，之般若禪法。

一、般若禪行者，覺之教育——靜與淨

我要決心塞住我心中苦悶之源。
感謝您給我肉眼，還給我「心眼」；
使我有時勉能探視萬彙之深淵。
（《泉聲》，曉雲導師）

本書第一輯期望透過「般若禪」的闡釋，契入華梵大學創辦人曉雲導師「覺之教育」的義理體系之探究，以掘發「佛種從緣起」，之「心佛眾生三無差別」的緣起相生互助之智慧理體；所謂止定與觀慧是相生，「定慧力莊嚴以此度眾生」，以臻至無我的慈悲之精神。此中之樞機，以一念為觀心之境，《法華玄義》云：眾生法太廣，佛法太高，但觀己心為易，諦觀現前一念心、觸境生心；所謂己心中所行門；《華嚴經》之破一微塵出大卷經，乃心法之妙，亦是《淨名經》之「諸佛解脫，當於眾生心行中求」。無怪乎永明延壽禪師《宗鏡錄》開宗明義云：「舉一心為宗，照萬法為鏡」。

「三界無別法唯是一心作」，此之一心（佛心佛性）者，是心生法生的思想，是證悟「心法佛法眾生法」的融通匯流。如何可以融匯呢，樞紐於「一心三觀」之觀心法時，內心生起的一念三千思惟，是生法之佛法；此之生法，融通融貫於眾生法普遍性的人群概念與觀念、理念，如是之概念觀念通達於佛證悟時的法語，《華嚴經》所謂心佛眾生無差別的觀念，而有一切眾生皆有佛性的理念、信念。《法華經》法師品之五種法師，信解受持佛語，受持者時時將覺悟信解的心，提醒在敬信的理念中，則心念裏自然有佛法莊嚴慈悲的觀念，因為觀念而起觀照己心之深深意；如是之心法方能將佛法與眾生法融匯在一起，亦謂之根本般若禪，法華禪之妙心境。

《般若禪，如來使》的觀照般若是體悟領略「佛種從緣起」的一番趣向，始與終同在一個點上，是一種圓的思惟模式，始終心要在己心中所行門、歸趣，而進趣、迴向實相般若，之不生不滅、不增不減，之所有人類生命皆有佛性種子的真實相，人人皆可成聖成賢之宿生佛、緣生佛。

因之佛性種子是人性中普遍性的問題，人性中普遍皆有佛性的種子，「般若禪」的思想原則，是要啟示行者「覺之」莫忘己心中本有的佛種，這樣的思惟是根本知覺的道理，佛種是能生性，心生法生，而開拓佛性是我們的本體性，是我們生命的本源，如是謂之慧命。《法華經》所謂的法雨潤人華，與見其「靜與淨」是恩師之，般若淨化思想菩薩悲智精神，之慧命觀的特色。於生活中有機緣接觸到「無字之書」，而人人亦有本「無字之書」，如何訓練「一體同觀」，而知道人生還有微妙的「真實法」。當知我們的妙明智慧如風前燭，如海因風浪，於是失卻了本體的「真實性」，不過，人為萬物之靈，當然讓人興起無窮無限的光輝，只要吾人能記取那部「無字之書」，無限玄機的妙慧，無盡藏的潛能，緣遇之機、靈機一觸，真是所謂腳踏乾坤、肩挑日月，都從「般若禪，覺之教育」而來，無弦琴韻動松風，是父母所生清淨常眼，所見聞覺之。

念有一切有，念無一切無；有無惟一念，念沒有無無。

（紫柏大師）

一日晨間醒覺，輕盈的念，來不及把捉，似單純音符之際，似拈華微笑之妙。聞見心音「一念心是心的歸依」，它來自覺之教育的靜與淨之訊息。動靜調柔，日日於「動」中，體知心念的「靜與淨」；在「靜」的當下，正念思惟生命的內中，是否釀藏敦厚樸實，我們都在動靜之間獨行「淨化」三業之功。

一念心是心的歸依處。以菩提心華心香，一念心功德普薰法界；菩提心燈入於眾生心室之內，能除盡諸煩惱；更祈願己心日日安和，智自在慧境界，佛慧日舒光，菩薩法雨化天香。猶如夕陽西下，微風吹動妙音克諧，華樹接影連輝，遞相間發光明，嚴潔周遍大地。庚子年華嚴薰修法會的祈願，學佛者當學佛所護念者；共文殊普賢觀音深妙行；慈定清涼光等照眾生心，一切眾生舉世宗重，言必信用。人是福田、福吉祥、福須彌。此心境不可言喻，這絕對待的念，瞬間又還諸天地，天地是如此這般的寬曠，人生又是這麼的無涯深淵，能說的是「生死齊平，菩提淨明鏡」的生命況味。

自我生命型態的註腳，不偏於有無，思想開拓出鮮活的觀念。啊！生死不外乎連綿不竭，康遠壽歲延，之生生不息；不生不滅、不垢不淨、不增不減。

「心無罣礙故無有恐怖，遠離顛倒夢想，能除一切苦真實不虛。」般若禪凝心禪，般若妙智是輝天鑒地，耀古騰今的大智慧。圓瑛大師般若心經講義：「般若智光，橫豎該徹，輝天鑒地，耀古騰今，能破生死長夜癡暗，故稱大明咒。」

智為先導身語意業，觀悟「佛種從緣起」，般若禪行者，於心無疚之人也！《心經》之「照見五蘊皆空」，因而「度一切苦厄」。誰人能照！又誰人肯照了！般若禪以智先導三業，寂然不動心生歡喜，是般若禪行者之《法華經》四安樂行，止觀善導身、口、意、誓願安樂妙行。

今年五日熏修《大乘妙法蓮華經》，日落申時恭誦至化城喻品，有莫明的感觸。點燈酉時藥石畢，陽光仍燦爛展顏著，山上之風，清涼意，洗心室廊下默坐，參思藥草喻品經文，靜中思慮、認識自己作得主。不拋棄舊包袱，無法心地滋潤、表裏一直如，味味一味。經中意旨，生死齊平菩提淨明鏡，生死無殊，在序品：「以慈修身善入佛慧，通達大智到於彼岸。」習禪者在生死無殊之蹊徑裏，透過法雨潤人華，試著觀看日日與之相處的五蘊身心，是個何等樣態之人，能見本來面目的那一見著，是主人翁。自是無盡生機，活機，能在生之歲月痕跡裏，了達罪福相，體解性具染淨善惡，進而通往淨盡之領域。化城喻品告訴我們說：了生脫死，是在生活中的法味了了，大如微塵，亦即是因緣因果，明因果而了生死。識得其中端的意，野花芳草自叢叢，繞梅夢亦香，柔和善順的話語。大光明藏恍然在目。此乃吾人於日常性之根塵相應，而有一念心的塵緣，天台止觀法門，說明「一念三千」之攀緣緣起，所以一念三千屬心境上的活用，以心境之觀點而為觀境、觀念處。

「觀念處」的話語，總會在午時歇息一盞茶，心靈活語裏湧現。每一轉瞬間掠過的念頭，抑或不經心念想，如像現鏡中，觀聞識之，那現前起伏的法塵，均是八識田中相對待的種子，謝落萌芽，茁壯了，染淨善惡，這便是「照見五蘊空」之觀念處，心知廓然，照了無明癡種子。

行者若能般若禪止觀研心，則能對己之「一念」心中所產生的善惡染淨，得加以密切留意。能讓人片刻、靜中一探於淨心裏，將自己的心門觀照寂照一下，將外境之聲色凝攝住，而靜聽那內世界之音聲，方能透視己心，而進一步善解他人。

因之，般若禪之照見五蘊空，是由「心」來修觀、來照見，天台所謂「諦觀現前一念心」，是「全性起修」的法門，如何修呢？！如「深心念佛」，「念佛心心中佛常念佛」即是；觀息法亦復如是，修隨息，隨至一呼一吸的氣息，由長息而短息，短息至氣息綿綿密密，幾乎沒有一樣；息出入綿綿若存若亡，資神安隱情抱悅豫。此是「調息安心」之息相也。似乎是微微入定的狀態，此時就短息了，短到幾乎這息都還沒有出鼻孔，就沒有了，若細其心，令息微微然。人貴在專心善用其心，六妙門之止觀還淨都不說，端的全神在隨息。

可知般若禪之「照見五蘊皆空」是聞思修的行法，如何「照見」是核心，以能觀之智慧，洞澈身心世界無物可得，而五蘊（身心）乃所觀之境。所謂一心三觀，觀不思議境是也；真實不虛，行深般若，得以泯滅念頭上憂思苦惱。事實上，心念的波動是宿生帶來的，人碰到心中難題時，身邊的親朋好友是欲助不能，所以最能解除伏結煩惱的是「己心」，所以智者大師說「己心中所行門」，心解脫了，智慧自能成辦生命中的諸事物。因之生活生命人生的苦，是要己心去解套，我們時時心中要提起一個覺悟的心，來照見身心（五蘊）的變化狀態。修不離心才能說是法門，久而久之工夫教工夫，才能夠「相應，與慧相應」，叫做「用上了功」，所以本修法門，也可說是「聞性法門」，有門才能入，悟入佛之知見道。

昔日釋迦文佛也是行本修法門成等正覺，乃至諸位菩薩亦復如是，觀音菩薩是修耳根圓通，「反聞聞自性，聲聲一聲，味味一味，一體同觀真實性。」所以觀音菩薩是修聞聲、聞性法門的，是如來藏，修歸自性實際真如，是如來藏中不許有識的觀音法門。佛法幽微深遠，又可於生活裏修，緣人會得。智者大師的一念三千思想在《摩訶止觀》說：不思議境者，如《華嚴經》云「心如工畫師，造種種五陰，一切世間中，莫不從心造」。心生世界生，自然一剎那的五陰識心，是具足十法界淨（善）、染（惡）所起念的，而成世界之善惡業，真正是一剎那之間，即已使世間變化無端；世間之變化，祇在一剎那，而不是要幾分鐘才能產生善惡的。但當問題事情還未發生之前，人在一剎那的五陰識心已經興起念頭才造成的。未念、欲念、念、念已的觀心法。天台三千性相，百界千如，都不出是現前剎那一心。介爾一心之境，如不端心修觀，於「一念」現前，何能悟「三千實相」之深妙妙覺。是自己真實透出了消息，而不只是佛經名相之曉了，於中參究工夫，是行人般若禪修，漸調漸柔之功。也是要透出，世尊所示之大事因緣，了了這消息，那一切的經論典籍其實只是提供參考的法寶而已。

一念現前，為智者大師所談之止觀觀心之要義，最為重視。我們日常生活，時時皆要一念現前，一念是個明鏡，胸懸寶鏡照乾坤（三千）。若一念不現前時，等於什麼都不清楚，黯識昏迷，妄念紛飛，懵懵懂懂是雜念；現前一念是明鏡心，是佛心，是正念，非雜念。智者大師說，無論何時我們皆有一念，可是濁境不會現前一念。如能一念現前，則凡事知應為或不應為，此一念為正念非雜念。行者修學種種法門，能明朗以對應當前，能真正達此一念，就是見佛性，就是禪。因此一念現前，即佛心，即正念。至於一念現前，是主人翁在，一念即主人翁，若主人翁不在，雜念現前，妄想紛飛。般若禪行者之靜與淨，一念淨心觀眾生苦，而起濟度之悲心，一念淨觀即偏照三千大千世界。觀世音菩薩因起一念悲心，而照入地獄苦。此「一念」即「般若禪」所謂主人翁，來去自如，不失不散。修禪、止觀，一面觀照內眾生，一面觀照外眾生，是培養菩薩悲願化度眾生之情懷，所以成為菩薩禪。菩薩那一悲願就是一念三千，收放自如。用任何之功，即要主人翁在，一念現前即在，湛寂一念也。華嚴經昇夜摩天宮品「心如工畫師，畫種種五陰，一切世界中，無法而不造，如心佛亦爾，如佛眾生然，心佛及眾生，是三無差別」這個偈所說的佛，是佛界，眾生是佛之外的九界，而此眾生及佛的十法界，即是一心之造作，所以產生了一念即具十界之某界的思想。又以心佛及眾生三無差別，故而產生了十界互具的思想，且以此為不思議境的經證。

一切眾生界，皆在三世中，
三世諸眾生，悉住五蘊中。

諸蘊業為本，諸業心為本，
心法猶如幻，世間亦如是。……
能知此諸法，如實不顛倒，
一切知見人，常見在其前。……
若人欲了知，三世一切佛，
應觀法界性，一切唯心造。

（T10，101）

一念三千出於《摩訶止觀》之觀不思議境，而觀不思議境的名稱，則出自《金光明經》的散脂鬼神品：世尊！我知一切法，一切緣法，了一切法，知法分齊，如法安住一切法如性。於一切法，含受一切法。世尊！我現見不可思議智光，不可思議智炬，不可思議智行，不可思議智聚，不可思議智境。今年農曆四月八日佛誕日，我記了這樣的一段話，早年聽完曉雲恩師《法華經》的法師品，總會在早晚課的時候，或朝課後的靜坐，試著聽聞心音裏有無如來使的足音，般若禪法華禪的法音。祈願止觀淨潔五欲，般若禪止觀研心，心漸明淨照見五蘊空，如鏡被磨萬像自現，研心止觀五蘊自空。

觀照眾生無常、世界無常；色心相依而息，出入息但是風氣，常止心於足。幾經熏修復熏修，終於倏忽間，某日黃昏靜定時分，我的生活幾乎完全精進的自我提攜，自我實現，自我以智為善導身語意，即使一日間一刻鐘的時空，也會有些許的醒覺，法喜法樂貫穿我的心靈，如同水月通禪心；也會覺得煩惱即菩提心的洗滌，我感覺到空氣中飄散著菩薩光臨的微香。至今延綿不絕的心香，是一種醒醒然、般若禪的獨覺。每年我的母難日、浴佛節、母親節將近，總會記一段心音心跡，獻給恩師、我的母親師父。感恩。

皇帝祕法云：天地二氣交合各有五行；金木水火土如循環。故金化而水生，水流而木榮，木動而火明，火炎而土貞，此則相生。

（《摩訶止觀》T46，108b）

寫至此想想每年的蓮華季，心情足跡總會在葫蘆竹下、月明池內的蓮華盆觀望一下，菡萏著花未。季節轉換過後，心好似還在蓮影晃悠，需要對己心持念默念提醒凝心攝念吧！花期雖持久，但已過了，的自我暗示攝心，意念方回到殿前的桂花香。飲天地甘露淨心法，「以一味雨，潤於人華，各得成實。」是《法華經藥草喻品》方便品說明，諸法實相，由觀行修而明達，菩薩之悲心，必需具足如是力，如是因緣，始能調御自他眾生。

天台般若禪法華禪，以「純圓獨妙」之教，說四部止觀及法華文句，法華玄義，「定慧力莊嚴，以此度眾生」，「眾生無邊誓願度，煩惱無盡誓願斷，法門無量誓願學，佛道無上誓願成。」行人薰修過程中，悟真空妙理是上求佛道之由，大悲心是下化眾生之原動力。菩薩由於具足四弘誓願，對內眾生則轉識成智，對外眾生則轉凡入聖，唯以度內外眾生為務，只隨悲心所轉，菩薩從般若禪進入方便行，是四弘誓願的功力，是菩提心互融凡夫大心，是菩薩觀見世間之苦，思惟此非個人所獨有之苦，誠一切眾生所共，己心欲離痛苦，亦應使令眾生解脫痛苦，而發起菩提心來。

想想佛教數千年來，所發展的如來家事業，經過困難，經歷思想之波折，與物質文明之衝激，佛教安然仍存，其中主要因素，般若思想菩薩精神，乃發自一心淨念之澄源（四弘誓願）。故菩薩必要發大願心，由於願力而支持悲心之動力，所以悲心願力，是一舉即雙之相生連貫性的菩薩學處。因之，一位發心學佛者，必應有利生義務之觀念，莊嚴己心的國土與成就眾生，般若即禪，諦觀一念，心離妄想即是禪境也，淨心也。

陪在恩師身邊三年半的時間，用好午齋是恩師片語隨說記憶之時，老人般若禪行者要我將來為之記事。

一次是我記憶深刻的語言，恩師說：「記得我從兒童時代便感到不很重視物質，無論在吃或用皆不貪求，但非常喜愛清雅素淡，由於童年這種童心，似乎很自然便趨向文學、藝術；對人生的憧憬，對天地宇宙間感到茫然，所謂兒童時代，青少年時代對茫然的天宇便起無端的惆悵，尤其好深思、冷靜，更加喜歡向書本中找尋自己的世界，讀到《論語》、唐詩、古文即著迷地朗誦，神遊於文學中。大概耽於文學、藝術的國度，似乎曾經遨遊了二、三十個寒暑的歲月，而在古時詩人藝術家的心境中好像找到許多共鳴，從此對於人生哲學、宇宙真理也覺得親切，對世間紛爭感到可怕骯髒。幸好佛陀接引不墮二乘，雖然好像沉潛的耽於禪門的灑脫與禪宗的公案中，也有將近二十餘年。而感恩湛山老人倓虛恩師的攝受，一觸《法華經》的法筵，使我探及天台法脈，於是從公案話頭，禪門的灑脫，進而天台止觀，《小止觀》、《六妙門》，讓我耽上好幾年，《法華經》誦到第二品淚流不止，我真的感到接受人間知識教育，再進一層接受佛法覺之教育（當時未深研覺之教育）。」

想想恩師常說，人生存的三件大事，行為、語言、思想，均以智為先導。是《華嚴經》淨行品裏，智首菩薩問文殊師利菩薩的修行次第法門。智為先導之次第法：「爾時智首菩薩。問文殊師利菩薩言。佛子。菩薩云何得無過失身語意業。云何得不害身語意業。云何得不可毀身語意業。云何得不可壞身語意業。云何得不退轉身語意業。云何得不可動身語意業。云何得殊勝身語意業。云何得清淨身語意業。云何得無染身語意業。云何得智為先導身語意業。」於一切內外生活中，能得《華嚴經》所謂

「智為先導身語意業」；菩薩發心與眾生「為救、為歸、為趣、為炬、為明、為照、為導、為無上導」。

所以發慈悲心大願力之菩薩，必須先訓練自己，如何「以智為先導身語意業」，是以菩薩修攝其心，《法華經》序品：以慈修身、善入佛慧，通達大智、到於彼岸。《法華經》是「純圓獨妙」之經，「楞嚴開慧、般若生佛、法華成佛」，法華之所以能令般若禪行者成佛之重要，核心是「以慈修身、善入佛慧」的基調。無慈悲心，無法入佛智海，沒有善緣慧根，也不知想要修持佛法的。「慈悲」與「智慧」是佛教悲智雙運之軌，天台法華以四悉檀為荷承悲智大用，是知般若燈照明為輪轉之機，法華四悉檀實踐施行，般若佛母，能生佛；法華成佛，成就佛人妙果。自覺靜與淨之「覺之教育」，嚴淨心身，這是鮮活的教化。

「靜與淨」之實修，是「般若禪」之制心一處，無事不辦，是《華嚴經》禪之樞要，「賢首品」將禪的善根發相，也說得極清楚。《摩訶止觀》的五略：一發大心（約四諦顯、約四弘顯發菩提心）、二修大行（四種三昧）、三感大果、四裂大網、五歸大處

（秘要之藏）。「賢首品」的大意是依上二品（菩薩問明品第十心性是一，與淨行品第十一文殊菩薩說一百四十大願來，善用其心），解與行圓滿後，所獲不思議之果德，而續有賢首品之「淨信」。賢首品第十二，文殊師利菩薩問賢首菩薩問題，賢首菩薩用三百五十九句半偈頌答覆，暢演無量修行勝功德光，淨行品與賢首品，都是說明「淨信與誓願」以圓成佛道。而賢首品亦是《華嚴經》中重要的一品，亦可說是《華嚴經》的整體概說。有一千多句的偈頌，賢首國師，把「賢首品」分了幾段。「發心起信」之前行資糧（二十一偈）。「次第道」行法（四十三偈半）。「華嚴海印三昧」（四十偈半）。「眷屬四三昧」（一百六十四偈半）。「三昧自在力」（七十九偈）「不可思議功德」（九偈）。

「所有善根皆悉隨順出世間法。不作二相，非即業修習一切智，非離業迴向一切智，一切智非即是業，然不離業得一切智。以業如光影清淨故，報亦如光影清淨；報如光影清淨故，一切智智亦如光影清淨。離我、我所一切動亂思惟分別，如是了知，以諸善根方便迴向。」（兜率宮中偈讚品第二十四 T10，126b）年年元旦至二十一日共修《華嚴經》，讀至「賢首品」，覺照智者大師《摩訶止觀》的五略十廣，似乎概說了賢首品的修行工夫，可說華嚴禪之旨趣在或許能綜觀之。妙福端嚴身。

修行證道的基礎，信為道元功德母，從初信位到成佛，有五十二個階段，全部貫穿了「普賢菩薩十大願王」，我四十幾年來對十大願獨有所鍾，以願導行，是普賢菩薩之行德。能夠「淨信敬信」而入，無須經過「解、行、証」，就已經入佛種性了。《華嚴經》裏普賢菩薩說，但聞如來名號所說法門，聞而不信，將來亦能成金剛之種。「賢首品」所開示的是修行止觀法，此行依觀照力而來，而行必依德；信就已具足了德。以「道」行「理」，依「道」行「事」，薰修極薰修，純淨極純淨，得一切法甚微細智。

「佛觀世法如光影」（《華嚴經》卷二），我對此文句感動甚深，每年幾日淨信諷誦經文，感覺《華嚴經》的訊息，告訴我們說，依佛所體驗的人生觀，人是自己的主宰，用智自在、慧境界的思想精神，來善導我們的情緒，因為自己的精進努力與智能的聞思修，信解行證，充分顯示了思想精神與行為（三業）的密切關係，是「靜與淨」實學實用的「善根迴向」，將心悟心，之善根。以智慧月，照攝法界，了達一切無所得。啟人遠思，曠人心境。

法界月法界影於淨心界而現影像，神凝千古，一念萬年，如碧落長空，如寒潭皎月。經中的「月輪喻」，深深為之觸動了，菩薩的生命情操，原來恩師的月輪圖的禪意，來自於《華嚴經》、《法華經》，如天河之不息，似孤月，以常輪，古今如是。法華經授手所謂：諸佛古今如是，眾生無不具此蓮華，能悟此蓮華，即得自己妙法。（X32，611b）

年年諷誦中我如是思惟，以觀經的工夫，讀懂了「賢首品」，必定知道《大方廣佛華嚴經》之思想脈絡，如何修正四十一品階次，以及了解一真法界，諸法實相。《維摩詰經》說：「直心是道場」，諷誦經文，我感悟「處處是道場，身息心是道場」道不在彼不在斯，全在「靜與淨」之淨心界影現，因為業如光影清淨。此刻心思凝攝端默，舉足下足念念佛覺於洗心室，自謂「斯即道場之處所」。默坐知覺，端穆之心境，愈為沉歛。

走筆至此記憶起恩師文字般若，恩師對己之三幅一生不可多得的作品之思，想想他老人家常說：「工作中而有生命之存在與實在，等觀齊物，心乃大，是大吉祥。尤其禪畫之心畫，一筆下紙便無修改之處，這是中國水墨畫之得天獨厚之筆法，亦是畫人心靈充滿悲智雙運之體現。世間一切活動若離開智慧之嚮導，便顯不出文化思想之崇高。」。

華開蓮現。曉雲導師。
碧雲天，蓮華遍，眾生何幸，蓮苑之緣，不枝不蔓，一乘法，眾生心迷，法華轉。
轉法華，心悟時，心悟時，轉法華，一轉、二轉，妙義無邊。
妙緣，妙諦，妙心人，把臂相呼，緣深蓮苑。
但記取誦讀，但記取思維，但記取誦讀，思維，憶蓮經。

後記：書寫「我心目中的般若禪行者」當意識到已走筆十萬多字，驀然發現自己閱讀在己心的心跡。

想想如果我是良馬，也要有鞭策者，讓良馬見鞭影而飛揚，快馬加鞭完成任務。真是善法因緣，人，該當惜緣！惜福！曉雲恩師、開良母親師父、我自己的善護念、有鹿文化都是我的鞭策者，共同成就功不唐捐之事。

想想這個月寫寫歇歇，已然了知，萬象動中而生，與自己的文字思想相見，在因緣變動中，真是一回相見一回老矣！再想想人一生的變異生死；求學是苦中得樂，學佛是了然老是孩童青年之變，死是再續再生之前。啊！佛言一切無常，未嘗過甘苦怎知，其中端的義。

寫書閱讀心跡，窮理盡性，旨在，鮮活誰說之心識，揭迷悟示真如實性，不然，天人何事散花飛。一切如是因如是緣。

入此門來學此宗。切須仔細要推窮。
清虛體寂理猶在。忖度心忘境自空。
樹挂殘雲成片白。山銜落日半邊紅。
是風動耶是幡動。不是幡兮不是風。
（石屋禪師 X70，666b）

二、般若禪所依經典

天台以般若為觀法，《文殊說般若經》「一行三昧」的性空思想的禪法，即般若禪。《六祖壇經》般若品所謂：一念愚即般若絕，一念智即般若生。在在說明了大智度論的諸法實相義的開拓，因為照見五蘊空，確實是已經「觀諸法空悟到實相無相」，之般若妙智慧，之理體。而這樣的境界必然需架構在《法華經》的柔和忍辱善順的心地上，心地能生一切法，地能載萬物。《楞伽經》著重「心」的禪思，大智度論云：「無量眾罪除，清淨心常一，如是尊妙人，則能見般若。如虛空無染，無戲無文字；若能如是觀，是即為見佛。……般若為之母，能出生養育。佛為眾生父，般若能生佛，是則為一切，眾生之祖母。」（T25，190c）

「般若禪」之禪戒相彰；般若禪之般若觀行法，源於慧思大師禪觀思想裏的般若觀行法。恩師課堂上說明，般若禪是根據天台慧思大師金鑄《摩訶般若波羅蜜》給弟子拜，影響後來禪宗第四祖道信大師提倡禪戒合一。不只如此，還追蹤原始佛教，原始佛教，不分戒、禪、教，所以都是經藏禪。到禪堂來，一定要克服我們的昏沉散亂心，希望出了禪堂，方有真正禪味，有戒、定、慧灌注在身上，如智者大師《摩訶止觀》二十五方便持戒第一，之懺明淨。

恩師華梵大學創辦人曉雲導師「般若禪」碑文，般若禪即如來禪，般若禪即安般禪，般若禪即止觀禪，般若禪即法華禪，般若禪即經藏禪，般若禪即佛心禪，般若禪即菩薩禪。般若禪法之來源，追憶原始佛教之安那般那第一法，「自觀自心，知佛在內」，禪戒合一般若禪；般若禪法功行大，坐斷乾坤永超淪。由導師的「般若禪」碑文，可知定名般若禪之行者，恩師是首創，恩師說，華梵大學、華梵佛學研究所、蓮華學佛園在大崙天台山，實踐般若禪行悲智空生大覺，般若禪廣照空有，濟群萌，悲智普潤華梵人，今日修行識路子，般若禪法指引多，就是禪戒合一，因為般若禪，最重要就是屬於文殊師利菩薩四種三昧而得定慧的。

天台的「一念觀心」，就是「般若禪」，由安那般那調心，或念佛達到一心，傅大士《心王銘》：「自觀自心，知佛在內」。亦即恩師警勉門人作「慧觀」之念佛心心中佛常念佛。般若契實相，始得悟無生，觀照己心門，那不可思議的活動力，須經一線牽，方知下手處，觀呼吸即是一線牽之功。徹悟大師的紙鳶詩句：「放去收來一線牽，等閒出沒太虛邊；無心落影留春水，得意乘風破曉煙。質幻自應超象外，音希誰解聽聲前；可憐都作兒童戲，幾度空勞下遠天。」

六妙門之「數」是息妄初階，令心歸一，「隨」則將心入定，定水慧水澄清，方可照之，見之，而趣照見五蘊空。五蘊空照明心地則「居之安」，如《阿彌陀經》之依仗「善根福德因緣」，發隨喜心誦經禮佛持咒，悲智雙運，此乃工夫教工夫之法要，「如是尊妙人，則能見般若」（T25，190b）。

因之「一行三昧」，是般若與念佛的合一。念佛心心中佛常念佛，修一行三昧行之般若禪，須先聞般若波羅蜜，如說修學。於般若修學中，觀知般若為之母，能出生養育。更修念佛心心中佛常念佛，之一行三昧，這是般若禪的法門之一。

一行三昧，也是繫緣法界的觀法，《摩訶止觀》之即緣一法界的無分別相的修法。恩師說，這與一般的般若觀照法界，有什麼不同呢？一行三昧以念佛為方便，一心稱念佛名，至於一佛念念相續，見恆沙諸佛法界無差別，一切佛都是由般若禪而生。所以也是「繫緣法界」之「覺之教育」法。

佛告文殊師利：「如是修般若波羅蜜時，當云何住般若波羅蜜？」文殊師利言：「以不住法為住般若波羅蜜。」……佛復問文殊師利：「云何不住法名住般若波羅蜜？」文殊師利言：「以無住相，即住般若波羅蜜。」《文殊說般若經》的「一行三昧」（T8，726c）。

「如是，迦葉！若善男子、善女人，修學餘法，忽然得聞甚深般若波羅蜜，能生歡喜，亦復如是。當知此人，已曾聞故。若有眾生得聞甚深般若波羅蜜，心能信受，生大歡喜。如是人等亦曾親近無數諸佛，從聞般若波羅蜜，已修學故。……有聞般若波羅蜜，信心聽受，能生歡喜，樂聞不厭，而更勸說。當知此輩，已從文殊師利，曾聞如是般若波羅蜜故。」迦葉白佛言：「世尊！若將來世善男子、善女人，得聞是甚深般若波羅蜜，信樂聽受。以是相故，當知此人亦於過去佛所曾聞修學。」（T8，730b）

「如般若波羅蜜所說行，能速得阿耨多羅三藐三菩提。復有一行三昧，若善男子善女人修是三昧者，亦速得阿耨多羅三藐三菩提」。

「法界一相，繫緣法界，是名一行三昧。……欲入一行三昧，當先聞般若波羅蜜，如說修學，然後能入一行三昧。如法界緣，不退不壞，不思議，無礙無相。……欲入一行三昧，應處空閑，捨諸亂意，不取相貌，繫心一佛，專稱名字。隨佛方所，端身正向，能於一佛念念相續，即是念中，能見過去、未來、現在諸佛。何以故？念一佛功德無量無邊，亦與無量諸佛功德無二。不思議佛法功德，等無分別，皆乘一如成最正覺，悉具無量功德，無量辯才。如是入一行三昧者，盡知恆沙諸佛法界無差別相……若得一行三昧，悉能具足一切功德，無有缺少，亦復如是。照明佛法，如日輪光。」

「文殊師利！我所說法，皆是一味離味，解脫味，寂滅味。若善男子、善女人，得是一行三昧者，其所演說，亦是一味離味，解脫味、寂滅味，隨順正法，無錯謬相。文殊師利！若菩薩摩訶薩得是一行三昧，皆悉滿足助道之法，速得阿耨多羅三藐三菩提。」(《文殊師利所說摩訶般若波羅蜜經》T8，731ab）

天台教學的理論與實踐，主要有四種止觀、四種三昧與十乘觀法，建構成天台教觀的組織體系。接續前面所提「般若禪行者，覺之教育——靜與淨」，如是觀之般若禪，是曉雲導師提倡「覺之教育——靜與淨」的根本行門教理，恩師曉雲導師，在華梵佛學研究所，與為華梵大學東方人文思想研究所學生合開一門「禪源」課程，四個學期六十三講，以原始般若禪天台止觀為核心，以信仰史的觀念參研根本佛教禪源佐以歷代祖師大德教理史的概念，探討每一時代禪法之般若行持。前面提過恩師命我於一九九七年編輯成書。

「般若禪」主導禪戒相彰，智者大師具代表性的著作《摩訶止觀》有詳細解說，我在《法華經者的話》一書涉及要點。「般若禪」法實修之門，恩師曉雲導師的「般若禪」

碑文中：「般若佛母，禪行般若母，教戒禪行母。般若主照，照五蘊空，悟無所得。」開宗明義點出智者大師禪觀中的方便行持法。

曉雲導師「般若禪碑文」，歲次戊午年元月旦（民國六十七年）。立於永明寺「蓮華學佛園」的「般若禪苑」圓拱門右側。

恩師說，「佛法」乃「佛學」之精粹，「佛教」乃為「佛法」與「佛學」之組織及協進之綱領，亦即為發揚佛法精粹的活動機構，而佛學就是佛法，佛教之中樞活力，其產生教能與活動，就是一股佛教文化之潛能，此種潛能直接照耀社會之陰闇與霾雲，因此我們必須有一種超勝的不平凡的內在潛能，這就是我辦華梵大學、華梵佛學研究所、蓮華學佛園，的宗旨，所提倡的「般若禪覺之教育」的精神。

三、般若禪綸貫

「菩薩清涼月，遊於畢竟空；眾生心水淨，菩提影現中。」。「智慧甚微妙，諸佛之所得。」《華嚴經》，一真法界顯圓頓；《法華經》，一乘實相圓頓止觀。「眾生心水淨菩提影現中。」如何能令眾生心水淨，如何能見菩提如水月之交輝，導師說：此是吾人有緣聞法，萬萬不可無緣契法！

「般若禪」，是曉雲恩師開創發展「覺之教育」的根本，更是徹悟佛陀為一大事因緣出現於世之根本法。恩師課堂上詮釋「般若禪」：《法華經》中佛為一大事因緣出現於世，這就是禪。禪，就是大事因緣；釋迦牟尼佛為一大事因緣，各位知道大事是什麼嗎？大事，又大到如何？所謂大事因緣，就是天上天下，唯我獨尊，大定大慈大智大雄力之真心大力，空生大覺。「釋迦牟尼佛的大覺，是禪之宗旨」。獨尊獨貴的大覺，「覺之教育」就是要培養人，平等獨立無畏；心無依無所著，心、觀念、思考的獨立性，而參禪、修禪，就是為此真心之大覺大力而行之。

恩師喜獨行的概念是培養禪的宗旨，想想高僧山居山林，其幽靜之境直接與禪機融滙，恩師所提倡的「般若禪覺之教育」的精神，不是只顧開發知識之門，更重要的是想培植青年慧心之源泉「採集業為識，不採集名智。觀察一切法，通達無所有。逮得自在力，是則名為慧。」（T16，501a）空生大覺，心無依無所著，恩師常常課堂上舉例說：「如山林一棵大樹的根與枝葉的關係，大樹的枝葉，不是外來的，是自己的根深與泥土融合所生長出來的，因為樹的根，原本就獨尊獨貴，培養好自己的根，枝葉自然能向天空伸長。」祖師大德高僧的提點：從根培養起，根深豐富了，才是修行的一大事。《法華經》所謂的「妙意根」，是覺之教育的趣向，包含了中國佛教融合思想之博大精深的學問與佛法的精隨。舉雲棲袾宏蓮池大師之《禪關策進》：「予初出家。得一帙於坊間。曰禪門佛祖綱目。中所載多古尊宿。自敘其參學時始之難入。中之做工夫。經歷勞苦次第。與終之廓爾神悟。心愛之慕之願學焉。……易名曰禪關策進。居則置案。行則携囊。一覽之則心志激勵。神采煥發。勢自鞭逼前進。或曰。是編也為未過關者設也。已過關者長往矣。將安用之。……水未窮。山未盡。警策在手。疾驅而長馳。破最後之幽關。徐而作罷參齋。未晚也。……夫學般若菩薩。具大根器。有大智慧始得。若根機遲鈍。直須勤苦忍耐。日夜忘疲。」(T48，1098)

如是觀之晝參夜參「般若禪」；「覺之教育」的道理不在條理上，它存活在行住坐臥，穿衣吃飯處。四威儀中與「覺之」心心相顧；如何顧之，湛山老人倓虛師公所謂「一片閒心無處著，想，向上想……。」我解讀之為，精進振作精神光彩，守意向上「覺之」，「參思之」，猛著精采。由是可知「般若禪」；「覺之教育」是日久歲深，日久功深打成一片，自然忽然心華開拓，頓發「開示悟入一大事因緣」之機。如是之機宜為什麼會如此這般，天下事真是怕有心人，與善用其心之人。

恩師於一九八四年十一月十六日，對般若禪的開示：一念覺時妄皆真，所以《禪關策進》說：「參禪者，即具真心之大力，能滅千災，成就萬德。真心之力，獨尊獨貴。此一真心大力，須從平時修起，以顯其真心。」學佛修行，正為此大事，而空生大覺，唯有從意根培養好，所以想學禪的人，要知禪就是培養妙意根，培養我們的勝義根。若勝義根培養的好，大定大慈大智大雄力之真心大力則顯。般若禪法，就是教導我們修學菩薩之真心大力，開顯的方法，基本從安那般那之定法訓練培養，一心之禪定。恩師說：妙意根培養好，我們每一個動作思想語言動作如同開花一樣。一天開一點點，這就是覺之教育；花是從根部吸收養分來的。爾今爾後，希望有緣人，皆能行深般若波羅蜜，熏修般若禪，妙意根勝義根培養好，真心之大力顯，一大事因緣，自然了。

「般若禪」的行門，曉雲導師「般若禪碑文」第一句即說：「般若佛母，禪行般若母，教戒禪行母，般若主照，照五蘊空。」宛如智者大師二十五方便行的精簡版。恩師於蓮華學佛園倡導的般若禪，就是禪戒合一，以戒攝持身息心，修六妙門，凝心攝念的數息觀息法，導師，在華梵佛學研究所有一門「禪源」的課程，以般若禪為主要核心，參研歷代祖師大德之般若行持。導師時常開示，唯有以般若契入實相，始得悟無生，導師是一位般若禪行者，依智者大師天台止觀禪所倡導，之「安那般那」

法入門，進而修止觀研心的菩薩禪門，智者大師在《釋禪波羅蜜》有詳盡的論說。「般若佛母，禪行般若母」般若是生佛之根本，禪行是成佛之般若妙慧的根源。如是般若有遺蕩之作用，是蕩相遣執；止觀是建立之機。

般若禪種子，燈燈相傳。《法華經》旨在宣暢，一切眾生皆證佛之知見道，佛性在人各各具足，「譬喻品」告知法華經者有緣人，諸眾生所以流浪生死輪迴不返者。因背覺合塵順生死流，以不自知自覺，不知衣裏繫珠，即是懷中繫者本有如意之寶，以是之故，如來說流浪生死輪迴為可憐愍者。如是乃因眾生習氣深厚不能自持，往往苦於心識被宿習所牽動，渾身墮落三毒苦而不自知。

日日敬讀「法師功德品」之六根清淨，大定大慈大智大雄力之真心大力的妙意根，偶爾默照己心所行來之路，或偶閱藏知津及時猛然覺念想起種種這般，心心念念恨不能跳出生死大海，是而猛然奮起精神打疊修行，然而或許善知識之道緣未能成熟究竟。法華方便關時止觀研心，易照見三毒境現前，不覺隨波逐浪習氣又發，慚愧不已痛心疾首禮拜《法華三昧寶懺》，及時再至回頭觀照，雖已經又過多時矣！然能於日日起起倒倒之際，止觀研心，實是萬幸的善護念。

總是偶爾默照己心，親近曉雲恩師三十一年來，至今畢竟已躬下生死大事，一向動定無恒，似乎茫無歸宿。想想此何以故，驀然回首何以學道如此任情，不但今生無法辦了生死事大，過了今生二善知識之機遇，實千生萬劫，亦終無成辦之時也。又思及恩師於我四十八歲生日之時，持贈之省難詩，「且將難字秘尊親」一日散靜之際猛然醒悟，一切一切的流浪生死，實無堅忍不扳決定之志，因而腳跟下站立不住，胸中時生惡覺惡習，時乃未痛下「且將難字秘尊親」將心洗刷一番耳；洗心室洗心也。佛法難聞，善知識難遇，今生幸運幸福得遇曉雲導師與母親師父二善知識聞正法。若當面錯過，再出頭來時，豈不辜負此生一大事因緣。

想想恩師圓寂當時我所編輯的「最後的叮嚀」，乃從恩師宣講天台法脈中擷取而成。真是一念心是欣的歸依；信自心是佛之語，如信恩師教誡之語。勢必將從前習氣忍而不發，心心念念揩磨省察，單提一句「且將難字秘尊親」的話頭，如此拌盡此生，決志不改。是則不但不離「己心中所行門」般若禪一步。「且將難字秘尊親」即與佛菩薩周旋，坐臥經行。不出「覺之教育」道場之外也。方不負二老，且不負「己心中所行門」創始者天台智者大師。恩師於民國一九七九年十月二十二日講於華梵佛學研究所「禪源」講義：「繫念法與安般禪那，為天台諦觀一念心之禪源」，我理解為亦是「己心中所行門」。

恩師之眉目動定一旦洞然。身心寂然。了無一法。文雄健，紆餘而悲婉，引憨山老人《夢遊集》提點門人云：「參禪最先要內脫身心。外遺世界。離念一著。所以繫念反為念縛。不得超脫大自在地。……於念念中。看覷念未起處。由在離念一著。久久忽然念頭迸斷。心境兩忘。如脫索獅子。自在遊行。」

「佛祖之道以心傳心。尚何俟於言說。至於當機印可。則必資授受以為傳道之儀。是以金口祖承二十四聖。皆親承口訣。用顯心傳之妙。……故心傳之妙終未有以敷暢。道之將行篤生聖哲。北齊尊者。宿稟自然不俟親承。冥悟龍樹即空即假即中之旨。立為心觀以授南岳。南岳修之以淨六根。復以授諸智者。智者用之以悟法華。乃復開拓鴻業以名一家。嘗作而言曰。傳道在行亦在於說。於是約略五時開張八教。總括群籍歸宗法華。貫五章以解首題。分四釋以消文句。教理之說既顯。觀行之旨須明。乃復述以止觀一論。說己心中所行。先之以六章開解。次之以依解立行。二十五法為方便。十乘觀法為正修。三千事理即具之談。抗折百家度越今古。遂為天下明教之本。」(《佛祖統紀》T49，177c)

恩師希望將來為他老人家寫一些事蹟傳記，所以晚年在三年半的時間，老人家會說說歷境驗心之事蹟。恩師回憶說：「能聽聞倓虛大師及定西法師們講經，想想這些境界，真要感謝佛恩。聆聽倓老講法華經，是我人生學佛的一大事因緣，令我得以有開佛知見，示佛知見的境界。倓虛大師那時候才七十出頭，精神奕奕，眼光灼灼，聲如洪鐘，笑容滿面。我一心專注聽經，似乎已到達耳無旁聽、目無旁見的境界了。所謂得未曾有，尤其是〈安樂行品〉的經文，是法華經跡門的最後一品，正是開出本門的妙法。在聽《法華經》的同時，白天一有空閒，我便翻閱與天台相關的典籍，《教觀綱宗》、《摩訶止觀》、《小止觀》等。因為倓虛師公當時雖講《法華經》，也談到天台以法華為宗骨，提到止觀，我便開始查閱天台止觀。所以從那時候起始，精心研究《小止觀》、《六妙門》、《摩訶止觀》。閱讀《摩訶止觀》時，感覺似曾相識，原來我早期的修行雖重禪法，但也就是《摩訶止觀》的行門；只是《摩訶止觀》的禪，跟祖師禪的禪法並不相同，經藏禪依據經典，話頭禪提倡不立文字，但是禪的境界都是相通的。尤其是聽過定西老法師講《六祖壇經》，其實禪心只有一個禪字，只要能夠掌握所謂望心為禪，望口為教，心中無妄念便是禪。自從聽倓老講《法華經》，又聽一位法師以廣東話講《圓覺經》，及寶靜法師講《心經》，當時所參言聽聞的佛法都是與禪、般若、法華之法要有關，於是便種下了非禪不智，非智不禪的般若禪種子」。

聽恩師說「非禪不智，非智不禪」是般若禪種子的話，讓我聯想至在日本止觀研心時，研究閱讀作科判過的《佛祖統紀》內容，我確定恩師引用了「前往荊州。舊學名僧莫不歸服。非禪不智驗乎金口（止觀引經云。非禪不智。非智不禪）弟子即日而不依請。如彼彌勒今當問誰。法華經。彌勒作是念。今者世尊現神變相。以何因緣而有此瑞。今當問誰誰能答者。」（《佛祖統紀》卷第六四明東湖沙門志磐撰東土九祖第三之一，四祖天台智者智顗字德安。T49，184a引載）

由是觀言之。般若禪行者所創見的覺之教育，不歸於華梵大學創辦人曉雲導師，而誰歸乎，真是民初百年來之為如來使，佩大法印之教育者，然大法燈之禪行者。覺之教育法法無礙，法法無餘，般若禪得清涼自在；正是憨山禪師山居詩所云：「身似寒空掛明月，唯餘清影落江湖。」明般若之妙用，證知般若為諸佛母，又喻佛果位於般若出。《大智度論》曰：「般若波羅蜜，是諸佛母，諸佛以法為師。法者即是般若波羅蜜，若師在母存，不失名利。」又《大品般若經》，以般若為「諸菩薩摩訶薩母，能生諸佛，攝持菩薩」。

曉雲恩師為出家前，是當代學術藝術文化之超卓人物，導師年譜略記載得詳細，我自然不可在此簡短的文字中掛一漏萬地簡述。只是想要提及的，是恩師在佛教教育，高等教育的貢獻，而影響於佛教之功德，更希望這影響力能調融起來，使佛教教育與社會教育，有復興之預兆。恩師精研般若禪，重視覺之教育，為正使年輕人認知佛學佛法在人生之影響，又佛教之式微，亦當以教育為第一之要義。關於恩師對般若禪覺之教育研究之用功與貢獻，宜為吾等與以極崇高敬信與警惕之事實，希望關懷佛教教育之復興；宜發揚恩師之般若禪覺之教育；般若淨化思想，菩薩悲智精神，尤其是自我教育之精誠！

虛雲老和尚、弘一律師、印光大師和太虛大師是清末民初之四大高僧。曉雲恩師崇敬虛雲老和尚，乃因清末民初苦行卓絕之禪宗人物，以虛雲和尚住世壽高，故其示現事跡多。老和尚禪行禪定精到，事跡超凡，弘範教界，入定，竟四十餘天的紀錄，夜行山徑，不假燈火，待人接物常行履，垂目安詳，神態自若，祇此，即見禪宗修養，本地風光，才是真實受用。恩師禪畫中有四大高僧容儀懿範，恩師說特輯近代四大高僧容儀懿範，敬模圓成，至心頂禮！虛雲老和尚對禪宗振作，欲挽頹風，常主持禪七，短期者亦四十九天，力倡宗門風規，注重坐香，規約森嚴，以期由戒生定，由定發慧，佛祖心印，住正法城。

恩師以虛雲老和尚對禪宗振作，欲挽頹風，為人格典範，常提點學子，虛雲老和尚告誡弟子之樞機是「正念正心，培養大無畏精神，自覺覺人！」蓮華學佛園年年主持冬季禪七，恩師亦力倡宗門風規，注重坐香。我就是一九七三年第一次參加冬季禪七而發願出家。

般若禪就是實行覺之教育的方法，就是親切的培養妙意根。以我研究摩訶止觀多年，一直感知也視般若禪為止觀研心法，同出戒定慧為根本佛法之詳細論述實踐方法，這一方面的文字將會有專書論及。止是定，觀是慧，「定慧力莊嚴」。在佛教教化的教育方案中，般若智慧之修習，如根之得水，故云般若水般若禪。習禪，是由自性根本之定力，而成就智慧。般若淨化思想之「覺之教育」，不祇是知識之灌輸，更是止觀研心的培養。般若淨化思想，開拓菩薩悲智精神，是為禪之般若，般若禪亦是菩薩禪。

「如彼大雲，雨於一切卉木叢林，及諸藥草，如其種性，具足蒙潤，各得生長。」般若禪覺之教育是親切的教育，所謂親切的教育是根本教育，以心攝心，以心感心，是心的感通，是人性昇華，是善法之根生「以一味雨，潤於人華」所謂「人華」，是生命繁榮，人之根性六根（眼、耳、鼻、舌、身、意）。應以「妙意根」根為首要的觀照。所謂自覺覺他之至人，根明、意淨。《法華經》法師功德品之「妙意根」之般若禪，乃從吾人根本之實際，從真修實學之自性流出開拓來。

因之，般若禪，乃恩師華梵大學創辦人曉雲導師思想精髓之一，由此開出覺之教育為習禪的指南，亦是智者大師的《摩訶止觀》己心中所行門，之止觀研心的真傳。所以「般若禪」覺之教育的思想源流，來自於天台止觀。天台以般若為觀法以法華為宗骨。以是故恩師稱般若禪，為止觀禪。故我說止觀研心般若禪。由是體之恩師是實踐摩訶止觀者，而自喻為般若禪行者，早年的蓮華學佛園，到處可見導師「般若」的墨寶，與屋舍之名稱，如般若寮、般若堂、般若禪苑。恩師視天台止觀，為般若禪。

在《佛禪之源》中恩師論述智者大師是，繼承世尊三藏十二部的經藏禪，原始般若思想，研窮法理以悟為則，是以經藏禪佛心禪，之《法華經》安樂行品身安樂的行處親近處，與妙意根之實修，《摩訶止觀》之身息心三事調，為主要論述，數息之安般禪至諦觀現前一念心，為入門。

四、華梵人情存妙法，眾生喜見

情存妙法工夫教工夫。妙法者般若禪止觀研心，所謂工夫教工夫，須知止觀法門之主要初階工夫，數息也。數息是一種心理的訓練，柔伏其心的基礎，一數二隨三止四觀五還六淨，一層層工夫就上來了。第一步數息安般法，是洗塵的工夫，諦觀現前一念心，柔伏其心的工夫，能耐得住了，自然而然工夫教工夫，情存妙法，心明性自現，明心見性是自己本來家當，本來面目；明心見性是人生的一個大關鍵，通透了則知自性本具。

生命本來平平貼貼，一味平常，般若禪也是平平貼貼之平常事。影內寂其心，那一年關閉六情根，在洗心室覺互動互寂之內力，重重影現，互顯互隱，珠珠互映，重重無盡。恩師說，工夫教工夫，「超倫每效高僧行，得力難忘古佛書。」著如來忍辱衣；坐如來法空座；入如來慈悲室，讓生命之華有獨特的氣息。

華梵人情存妙法，眾生喜見，是深感「受職」之法喜輕安，如何不捨世間，作諸眾生堅固善友功德友。當下領略甘露音見灌，行者受職，位入「正念現前觀察」。心中悠然若有所思，將人生放在無限中觀照。灑甘露於塵勞之心，五情不為塵惑所染。有內明才是生命，有工作才是生活，近日的禮懺誦經工作是生命與生活並濟互亮增輝，禮拜當下的剎那，心淨如空含萬象，閃過這麼一句話「一切威儀中，輕安，念佛功德，如是業應作。」善持心智力。無明與智光相濟，性體本靜，心念要淨；性靜寂無相空。

近日覺受，六月松風人間無價。真是情存妙法，眾生喜見。懺悔堂禮佛畢，回望昔日在導師處寫的觀音像，心生慈喜。啊！修大悲色身常護眾生。成所作智！妙觀察智！平等性智！大圓鏡智！轉了，慧命之光，交會在菩薩神韻的語言裏。

回想昔日在導師處寫觀音像，二十歲的女孩心中似乎有一穆然深定之悟入，那時是董夢梅老師教授我們的，無形中感覺深信多畫佛像觀音像，可幫助靜坐之熏修，

曉雲導師禪畫《得力難忘古佛經》（華梵大學文物館提供）

未計其有無功德。只期望道心堅固，亦自策己之內明。沐手寫觀音像時，總覺得菩薩慈悲的面容，生怕自己遺棄了這多苦多難的人世間！那時畫觀音像前，虔敬禮佛並閱讀幾行經文，這是必然的功課。一次教室畫堂寂靜間，忽有蟬鳴四起……啊！心與菩薩、蟬鳴為友，自那時起我喜蟬鳴聲。

攝影心眼是我心中的念力，精湛的思索，攝影心眼是我們手中的畫筆，天賦與人的一種「念力」，生命歲月的塵影，有著內中明燈記取感恩，呼吸著鮮活的空氣，桂香飄動；雲端光音泛真言：「Om A-mr ta Teje Hara Hum 嗡阿彌里打得傑哈拉吽」默吟無量壽佛心咒。靜默一回養心。信自心是佛，法法同源，人佛、佛人。內脫身心，外遺世界，呆對裊裊茶煙，為學校覺之教育推展，連續兩日的談話，感知還要更「心進勇銳，增益身力」。默靜，拜庭漫步行散，或結跏思惟，乃至品香默念喝茶，只要心中不沾染絲毫歡喜憂思哀愁，隨意之所之，一切外境只是心的過客。

書寫至此晚課的木魚聲總是沉穩清亮，走出洗心室，仰望長空，感恩之情隱隱約約又溢乎胸次，經過又一次對教育充滿活力信心的對話，又是再次的淘洗。感覺五蘊重擔，似乎又卸下一些些，流光又好像逝去了一截。喜怒哀樂，不入於胸次。習之學之，眼前直下鮮活，胸次無一塵垢。人為萬物之靈，古人應是指真有靈氣的人而言，因為靈通就變化，盈大而廣博而簡約，而溢乎四海，而塞乎天地，與宇宙之氣渾然，無往而不化，無理而不入，此乃聖人不凝滯於物的道理，「喜怒哀樂，不入於胸次。」就是能化的道理，亦是「真、善、美」所透發出的光芒。

想想昔日恩師華梵大學創辦人曉雲導師耳提面命的智慧之語，他鮮活於吾心。「守真育靈，至理窮通，當藝術家創作的時候，因心的自得，和謹嚴的態度，都非筆墨所能形容，而當時創作者的心境，祇有他心目中所趣向的事物，其餘都不會在他的心眼中了；當作者創造作品時，態度是多麼莊嚴虔敬，就如一位虔誠的教徒，在禮拜他所信仰的對象！」這樣的人格典範佛法在人間，讀古詩，與古文人，及高僧接心。感悟夜讀《楞嚴經》句，「見聞如幻翳，三界若空花。」感觸良深，念佛心心中佛常念佛。

六月二十九日學校熏修日，我在高速公路遇見的大自然之美，晨光幻化的光點守住古今之光。讓學佛人覺得很幸福。有情來下種；因地果還生。無情即無種；無性亦無生。《六祖壇經》我們依存大地而生，依了數十年，學佛人很幸福。默照默契天上的雲光。寂然無慮之境則默照之，照見則默契之。心境泰然，消融隔閡障礙。

想著，當處於明辨是非與慈柔之間做抉擇時，我常常慣性的會通透的往慈悲這一面思惟修，原因是我認為，人身難得，每個人的生活生命人生都不容易，存活在這塵世濁世裏，是一生的尋解。

每個人都是有故事的人，總是同樣的人事物，一直被重複述說給不同人聽，或自己的腦筋憶持著。說著歡笑與哀傷痛心的故事時，目光仍會散發著雪亮的精神，因為人人都有敬愛之人與歡欣哀傷的時光過。只藉著憶持與述說，在時光空間的間隙裏，存留著往事只堪哀，對景只堪歡，終日誰來心底的那片風景寒暄，沒有。因之，人生向上之思忱，燃亮心君心燈方有歸宿處。

就事情而言，是非虛實間的界定，難說清楚。事實有其延展的邏輯及脈絡紋理，真相或許會在這其間現行。然而也只堪如是如是罷了，法爾如是。

一切學問佛法唯在「境智冥一」的「妙智」而已。而這也是生生世世的功課，華梵人情存妙法，眾生喜見。

每每上香祈願我人，勤修戒定慧度滅貪瞋癡。更祈國泰民安風調雨順，人人福壽永綿綿。幾日炎熱後，疏星輕語，夜如是深沉，人寂之思，洗心室經行誦經祈福，雖歲月催人，然三業能積集佛法。定後飄香雪裏梅，人內明懺了己心之弱點，必增一份心力於潛能中，這是日日定水工夫的經驗。只有真正禮懺讀經者才能共鳴賞心，縈迴於心裏的種種，讓它自然消融逝去吧！

莫唐捐念力，忍耐承擔了懺悔的無奈，是無限底般若美的生活。

定根攝念趣正道，慧根觀無常；定力滅妄想，慧力周旋往來淨性。南無常不離世菩薩摩訶薩！

今年夏至禮懺心語：定後飄香雪裏梅，慧解性空的語言，美於梵唄，美於夕陽。望著倏忽消失的黃日西垂，深感佛語不住生死、於世間如影普現，因而，禮懺者身心如淨明鏡。身念是菩提心住處，吾思之，菩提心者，住呼吸生死中照法界月法界影智慧月。因之，一切諸佛如來菩薩祖師出現於世，皆如影像。所以佛本無言說，然「言說」乃德之詮、道之逕；學佛人，要因言以會道，改往修來，如是佛之教典祖師懺本，是善知識，是功德友。

古佛有言如皎月，照人煩惱作清涼。

（楠堂禪師《山居詩》）

在高僧山居詩裏，詩律最精，而禪境與詩境最佳者，無如元末明初楠堂禪師的《山居詩》神韻雄渾，說理透徹，令吾思及華梵大學創辦人曉雲禪師常吟誦的古佛有言如皎月，照人煩惱作清涼。

殘山剩水占斜陽，休說秦王與漢王。

易外無爻翻否泰，塵中有國系興亡。

秋風蓬島仙鄉遠，夜雪藍關客路長。
古佛有言如皎月，照人煩惱作清涼。

「否泰」乃《易經》，天地相交曰泰，天地不交曰否。「古佛有言如皎月，照人煩惱作清涼」實人身難得，猶如盲龜值浮木孔，聞佛法其事甚難。

成大林從一副校長一日來禪寺，提到易經的山水蒙卦，譬喻為教育之訓練核心樞紐。共振頻率栯堂禪師之：

千年明鏡忽生塵，逐妄迷真豈有因；
海上刻舟求劍客，市中正晝攫金人。
萬牛難挽清風轉，兩曜偏催白髮新；
此事知音古來少，碧天無際地無垠。

身是菩提樹，心如明鏡台。時時勤拂拭，勿使惹塵埃。
（唐，神秀法師）

菩提本無樹，明鏡亦非台。本來無一物，何處惹塵埃。
（唐，慧能法師）

山中平靜的歲月，是我豐碩感恩的日子，日昨夏至晴空，何其歡愉法喜法樂，大自然的藝術是靈性的化通，其空靈，好似無聲之詩，要具有充分理智靈感的心眼，才能領略其萬一。有感林副座借山水蒙卦示意教育之樞紐。

如何能將從前習氣安忍不發。心心研磨，念念省察，於心念中，觀看「念未起處」（未念、欲念、念、念已），由在離念間隙，久久忽然念頭默靜，心境兩忘，般若禪。

聽！水流蟬鳴，聽！風敦觸鈴聲。聽教育與經濟對國家人類的力量何者為要，聽山水蒙卦，譬喻為教育之訓練核心樞紐，吾共振頻率楫堂禪師之山居詩。

在對話與交流，我心中充滿「情存妙法，眾生喜見」之情。

在恩師般若禪覺之教育的試煉場華梵大學，是在生命裏建構完整有體系的殿堂，每一個學習淬煉都熔合入法理法則觀念體系中，讓自己有獨立思考的能力，去探索無限的生之旅。

今年我們華梵大學畢業典禮，我提了我們的校訓「德智能仁」。我說感謝各位家長安心的把您們的孩子交給「德智能仁」的華梵大學四年，一粒塵沙，就是宇宙的縮影；同樣的每一位畢業生，就是華梵「覺之教育」的舒放。所以各位畢業生我們要給自己踏出校門的夢想，一個篤定的信念，讓征程、生之旅探索無限。華梵大學校門，抬頭看見右邊「大學之道」止於至善；左邊「法雨潤人華」淬煉熔合悲智雙運，路經開山的華梵堂、五明樓、圖資大樓、鐘亭、流光集書屋，直驅覺照樓的畢業典禮會場。想想我們華梵大學的校園景觀，可以說是經過創辦人深思熟慮，有體系整體審慎規劃設計的校園，所有的景觀概念都匯歸般若禪「覺之教育」，並且唯一在各景點角落都予以佈置，再配合禪思的觀點，創辦人曉雲導師予以命名。

「覺照樓」是創辦人所建造的最後一個建物，也算是學校最新的一棟樓，何以名為「覺照」，覺之教育的智照，希望華梵人有個般若禪「覺智」的人生，心境心裏無塵無煩惱而自智照，是知識與心靈的教化的訓練，就是要培養敏銳的洞察力以及省覺的心，使知識能為智慧所用，用智慧心引導知識。所以我們創辦人說教育是人類史上最大的一件事。讓我想到因為創辦人曉雲導師慈悲與智慧兼具的創校，我們今年將一起迎接，如同稻穗結實累累的三十週年紀念，今年六月六日畢業生即將收割，每一位畢業生都是一束稻香，隨風撲鼻香氣四溢，飄至各方利益他人。年年歲歲六月畢業季的迎送往來，見證生命慧命昇華的歷程，任職董事長八年期間，深深感恩創辦人曉雲導師志業讓學子年年成長進入社會，成為大眾的一股清流，大家畢業後，各赴前程，相見時難別亦難。在此又一次深深祝福，在華梵的學習，得到性情的教育，親切的教化，讓大家知道創造性獨立思考的重要，四年訓練充足培養國際觀，人生價值觀，在生命裏建構完整有體系的殿堂，即是有體系穩定的運作思考，解決自己日日所遇到的人事物問題，祈願大家在日日海濶天空下，逍遙遊于幸福的生命學問。華梵人情存妙法，眾生喜見；無量壽光，福吉祥，喜無畏。

想起自己一九八五至一九九六年在日本讀書，讓我學會在台灣沒有機會接觸的一件事，就是完完全全孤獨的面對自己內心。用了幾乎三年的時間，可以與自己的孤獨親切同在，的同時，知道生活的真實義，然而也孤獨的精進努力了好長一段時間，將自己埋在「經藏禪」書堆裏。學習心中不著意想而自然醒覺思想，之過現未三心不住的生命況味。

文字的音樂性奧妙在於它讓人書寫的過程當中，更深一層體會覺者（佛）所說的「法」本來就是「禪」，書寫心跡是我好好與孤獨親切相處的方式，它將成為「轉識成智」淨化三業的訓練。在究竟而言，佛教的禪行禪境之工夫，不是偶然，而是持得住，把得穩，明心智照三空渾然究竟了了之事，是大圓鏡智，之觀自在的生活況味。

悉達多太子菩薩於菩提樹下降心魔成道，與禪之起源，自是行者修行的提點。鐘聲敲響轉識成智，鐘含聲性，人有覺性；所謂「般若禪」佛心宗，乃世尊拈華示眾，迦葉尊者領悟世尊心旨而破顏微笑，即是「望心為禪」，世尊說「涅槃妙心實相無相」，之傳法是「望口為教」。

人生難得，色身維持康泰無事不易，我近日因為書寫，總會想著以前的自己及日後的深水觀音禪寺與自己，連結現在的自己，而不忘初心，不忘活在現在的自己，因為一念心的堅持與信念。向上一著的生命節奏，總希望是沒有鬱悶情緒的自己，習慣無事閉上眼睛專注思考，或感覺偶爾會心痛敲打心頭，念頭閃現即時調息安心。想改變現在的環境團體，就要情存妙法，眾生喜見；無量壽光，福吉祥，喜無畏的心念善導自己，轉識成智，之清思。

日日晨間醒覺在「聞鐘聲煩惱輕智慧長菩提生」，吾人對境如何觸處逢生：「此時索爾心何事，壁上空懸未扣鐘」，定神一聽、心光瞥見壁上懸著的大鐘（那鏘然的鐘聲），豁然萬緣放下。一剎那間可能凝心攝念觀自在，頓爾現前的妙心境，大殿那鏘然的鐘聲在心底迴蕩，坐在床沿觀心喜無畏，此刻身邊若有人也聽聞不到，心音心跡，參究即在眼前！

石屋禪師〈悟境〉詩偈云：

百鳥不來山寂寂。萬松長在碧沉沉。
分明空劫那邊事。一道神光自古今。
競利奔名何足誇。清閒獨許野僧家。
心田不長無明草。覺苑長開智慧華。
（X70p666c）

五、《佛禪之源》調息安心，離相淨心，實相妙心

離相淨心的「念念普入世間法而無所依無所著」。《華嚴經》明法品：「常能說法度眾生，而心無依無所著。」進而入實相妙心之「果海」，澄觀清涼國師《華嚴經疏鈔》：「因該果海，果徹因源」之境界。

放下是死提起是生

我知之矣

恩師說的般若禪「調息安心，離相淨心，實相妙心」，非一般學問，也不是哲理的思辨，而是「壁上空懸未扣鐘」。能參透玄機，如人飲水，內心悟境，最重要是親

切的經驗，不是拾人餘吐。所有研究的經論，乃至禮懺念佛等等，是屬於因有信奉之助緣。助緣得力故，可能機緣契合，鏘然的鐘聲在心底迴蕩。

智旭藕益大師《閱藏知津》卷十六：「般若為諸佛母，三世諸佛皆從般若得生。故曰：『從初得道，乃至泥洹，於其中間，常說般若。』當知一切佛法，無非般若所流出，無非般若所統攝也。」由是可知，般若禪是經藏禪，乃「行深般若波羅蜜多時，照見五蘊皆空，度一切苦厄。」依內六根外六塵，依內外兩中間均不可得，之「無所得」的禪法。

步步聲聲心心念念唯在止觀現前。覺之教育乃真道而為曉雲導師善用之以為後教。機成時至，大法可行。覺之教育實是如來一代之善導化意。

對於此生親子之緣，師生之深緣，至終還是匯歸凝攝於內視兩眉之間，離於悲喜憂思，迴入己心中所行門，修大悲色身常護眾生，方契《佛禪之源》調息安心，離相淨心，實相妙心。一九九七年為恩師——華梵大學創辦人曉雲導師《佛禪之源》所敬寫的代序。

《佛禪之源》深深感受　雲門園丁　釋悟觀　代序

近來有幸，得以先恭讀為快之機緣，一連拜讀曉雲禪師三本禪法文稿；如《佛禪之源》、《禪思》、《禪話》並參與編輯工作。尤以《佛禪之源》一書中，在學術的探究上得知，中國禪觀之發展，乃由般若思想所演化開展之禪心，即佛心宗源悲智雙運之正法。佛陀捨皇宮上山修行，乃至菩提樹下成等正覺，徹悟宇宙人生真諦，證涅槃果。所教示之三藏十二部經典之旨要，在「五陰」之轉與不轉義，般若妙慧之照與不照義，故云「經藏禪」。《六十華嚴》卷十云：「心如工畫師，畫種種五陰，一切世界中，無法而不造。如心佛亦爾；如佛眾生然，心佛及眾生，是三無差別。諸佛悉了知，一切從心轉，若能如是解，彼人見真佛，心亦非是身，身亦非是心，作一切佛事，自在未曾有，若人欲求知，三世一切佛，應當如是觀，心造諸如來。」在佛教教理史、信仰史展開中，大體上均不離「般若心中心」之詮釋與實證。此是人生開拓的大前題，亦菩薩心之顯發，終歸於般若心中心的探尋。

曉雲禪師所謂「般若禪佛心宗」，乃祖意西來，廬山、天台，乃至華嚴、律學、法相等諸宗，無不左右逢源融匯於斯，而以天台止觀如來禪為樞機，為禪旨知津，源流滾滾，此乃曉雲禪師般若禪探本尋源之獨到處。

唐圭峰禪師總分禪為五類，以「如來清淨禪」為第五最上乘禪，亦以達摩禪為依止為善導，主張達摩門下展轉相傳者，皆源於此如來清淨禪。當今曉雲禪師統合一切禪法，以「般若禪」為依歸為善導。

參究「禪」者眾所皆知，達摩祖師由南天竺來，唯傳大乘一心之法，即以《楞伽經》印眾生心。《楞伽經》云：「佛語心為宗，無門為法門」，永明禪師在《宗鏡錄》中，釋此為「達本性空更無一法、性自是門、性無有相、亦無有門」（大正藏四十八冊，四一八頁中）。今曉雲禪師，則歸此法門為「般若禪佛心宗」，斯乃鑑於，禪為佛心、教為佛語，稟教修禪。然禪之法門因時代之遷流，展轉相傳實是浩博而源遠。故曉雲禪師以「般若禪」道出「佛心」之源，點出群萌迷悟之源（如來藏藏識）與佛陀三德秘藏（法身、般若、解脫），的匯通處，乃菩薩萬行之源，即般若淨化思想、菩薩悲智雙運精神之行。

恩師宿慧熏得此「般若心中心」，為法忘軀愍念群萌於神情，「楞伽關中」探尋達摩一脈相傳，天台法脈通古今，究知頓悟資於漸修，得知眾生心源、諸佛心源，萬法之源，源於菩薩心地般若法門，故云「般若佛母，禪行般若母，教誡禪行母，般若主照，照五蘊空，悟無所得，如來藏性清瑩，體大用大，大而無大，絕待超宗⋯⋯。」（曉師之般若堂前碑銘）道出，禪定一行是世尊一生之根本法門、一切神妙威力事，此之禪燈皆淵源於斯。此乃旨歸於世尊之禪定、禪悟，由三昧而起，道出宇宙萬法之本源。

《法華經》方便品中不難得知，如來因慈悲精神而有施設教化，而此妙法之演化，緣於佛慧力之善巧方便，即善巧方便之本來意義，乃佛智佛慧之心源所湧現出。其湧現之「機」乃世尊之「慈悲」為教菩薩法，教菩薩如何入「甚深無量難解難入之智慧門」。天台大師鑑此開出「教觀相資入實相行」之無生門止觀，而今曉雲禪師為覺醒眾生心中所內藏之佛性，引導行者修菩薩法之一佛乘門（秘要之藏乃入一切種智之門）。由《佛禪之源》中，點出一切種智皆由般若波羅蜜出，由觀照法華之一佛乘中得之（秘要之藏）。

當知此《佛禪之源》，是欲悟諸佛秘要佛性之藏，唯柔和忍辱慈悲心而發菩提心者能行能得。故真佛子是由佛口而悟佛心禪，從法化生得禪悅法味。《佛禪之源》一書，也是實中之權，權中之實。即《佛禪之源》所導引出的「般若禪」乃權實不二，可為佛教學術教學的參考專書，更是行門攝養的方向指標，得入諸佛甚深無量之智慧門。

本書甲篇是曉雲禪師去歲深思參究增寫之文稿，而將前時所講的內容分五類，并作前言、導論以增益之。乙篇是前所講授課程，亦分為五類，共六十幾講。請讀者細讀甲篇即可瞭然其中義趣，則乙篇不過是註腳之詞，如讀甲篇不得契入，可先就乙篇細細味入，自可對《佛禪之源》有得入處。由於乙篇五類之內，各類各有多次之講述，故用大數目字以標明之。「後記」一段，乃曉師對時代有感而發，悲情盈溢，想讀者亦有同感！

本書以正統之道風、禪燈令行人得入難解難入之智慧門，開拓心靈之妙覺智。此乃服務於人群、契合如來使之任務，圓成世出世法承事供養之願行，如來話「禪源」之職責。筆者如是解如是思，曉雲恩師之悲情，願有緣人參思細參思！

法子悟觀於大崙天台山原泉編輯室，歲次丁丑除夕前（一九九七年）

序文中我寫出，曉雲禪師所謂「般若禪佛心宗」，乃祖意西來，廬山、天台，乃至華嚴、律學、法相等諸宗，無不左右逢源融匯於斯，而以天台止觀如來禪為樞機，為禪旨知津，源流滾滾，此乃曉雲禪師般若禪所謂，調息安心，離相淨心，實相妙心的探本尋源之獨到處。

《佛禪之源》：什麼叫做禪，心作得主叫做禪，心能轉世界叫做禪。當然，若心能轉世界那工夫已經不易，若未到家，就要先學靜坐。心怎能作得主呢？就要先談安般，例如種一棵樹，它作得主（根生蒂固）才可以展枝發葉，如果作不得主，搖一搖它就連根拔起來了。世尊的安般、繫念就是要我們作得主，什麼叫作得主？如果能了解五蘊的性空，人就作得了主，自性本來是不染塵。希望大家能從安般、系念中體會世尊的苦心。如果我們得到安般工夫後，修什麼禪都會好。其實若能覺了生活每一接觸，處處都是佛法，處處都是禪機。到寂寞路口是什麼人幫我們呢？若說：我不想死，你幫我死，可能嗎？人生有三件事是別人幫不了的：吃飯、穿衣、登廁，這都要自己作，所以禪師告訴我們：自己的事要自己作得主，倓老也說：「無畏、平等、獨立」。不過大家還是要從世尊所教的根本做起，打禪機是以後的事情。「安般禪」是最基本的禪法，我常常強調安般數息，就是希望大家真真正正能解惑開慧。

我幾乎日日在圓通寶殿禮拜「觀世音普門品」尋解能解惑開慧，總會聽聞風鈴聲念著南無大願地藏王菩薩！南無大願地藏王菩薩！南無大願地藏王菩薩！聽！微微相敦觸的風鈴，且徘徊觀看庭前枯萎凋零的蓮華，如斯靜美地，等待來日尋常展顏，嫩葉抽枝，生命慧命一切鮮活。常新只是一如，如是淡然，不增不減，不生不滅之風鈴音，透響心身於幽微深邃處。日日敬讀「觀世音菩薩普門品」，讀的時候，如果真能有觀、有普，心中就是悲智心讀經觀經；「觀是智，普是悲」，當下與菩薩的悲智相應。及讀一段釋文。

觀：天台在法華教觀下釋普門，用四種觀來統攝，這一念觀心。

觀「觀世音」這三字；「觀世音者，究竟是智德，如十四夜月光」，華梵大學創辦人曉雲恩師宣講《妙法蓮華經》時的上堂法語：

十四夜月光臨普，如銀大地遍生輝；
塵垢淨時清涼境，光含千界遍東西。

恩師說，為什麼不講十五日？因為十五圓滿之後，馬上就漸向斜光，不正照了，所謂「殘光斜照綠窗紗」，好像正午一過，陽光就西斜了。

「觀世音者，究竟是智德」，為什麼釋品題「觀音」是講智德，而「普門」又名智斷。「普門者，究竟是斷德」，用前面的智德來斷惑，顯我們的三德，所以叫做「斷德」；斷，就是除去。

為什麼我們修來修去，還是不能斷惑呢？我們必須要正知，唯有觀音菩薩有「了因種子」以智德方能了斷煩惱，我們的種子沒有「了」，所以我們種子沒有斷德，我們必須具足「智德」才有「斷德」，這道理好深哪！法華經者要好好的觀照，因為有智德然後才可以斷德。

智：轉八識成就四智，轉識成智，釋迦牟尼佛開悟的一切智、自然智、道種智、一切種智、無師智。「智」是代表了生脫死、明心見性，也叫做「了因種子」。我們敬讀普門品時，用觀經的方法，專注來體解觀世音的智德，體得了就是有了「了因種子」，叫做庵摩羅識，就是如來藏的種子。了因，了我們攀緣種子的因，心經所謂「照見五蘊空」，我們五蘊空了，沒有陰入界，這心仍然一樣活潑靈思泉湧的。

《法華經》所謂，佛為一大事因緣故出現於世，為令眾生開示悟入佛之知見。「開示悟入」於學佛者法華經者，有「開」了、自然能見六大煩惱，則始知六度波羅蜜，是為「轉依心境開拓」之功。法師功德品：「父母所生眼、悉見三千界」是「自轉法輪」

的工夫，不自惱不惱他，依智不依識。然後而能明「示」真知真見；必定有「悟」之「向上一著」之境地，如是行證之工夫則「入」佛之知見矣！菩薩所謂「發救護一切眾生之心」。

一念三千自轉法輪，觀照己心門，那不可思議的活動力，須經一線牽，方知下手處。觀息（呼吸）即是一線牽之功，《六妙門》之「數」是息妄初階，令心歸一，「隨」則將心入定，定水慧水澄清，方可照之，見之，而趣向照見五蘊空。五蘊空照明心地是為「居之安，善巧安心止觀」，如《阿彌陀經》之依仗「善根福德因緣」，發隨喜心誦經禮佛持咒，發救護一切眾生之心，此乃《六妙門》工夫教工夫之法要。「如是尊妙人，則能見般若」（T25，190b）

參究所謂「法華經藏禪之成就四法」乃六根清淨後之菩提淨妙，生死齊平菩提淨明鏡之功。「成就四法，於如來滅後，當得是法華經。一者為諸佛護念，二者植眾德本，三者入正定聚，四者發救一切眾生之心。……若有受持讀誦，正憶念，修習書寫是法華經者。當知是人則見釋迦牟尼佛，如從佛口聞此經典。當知是人供養釋

迦牟尼佛。當知是人佛讚善哉。當知是人為釋迦牟尼佛手摩其頭。當知是人為釋迦牟尼佛衣之所覆。」(《法華經》)

人，真要細味「梅花破雪已成春」，「石筍抽芽，空虛破裂」的道理。無業而不生娑婆，實是世之法則，煩惱是不可能瞬間了了，幻影的浮生是不破的世間現象；只能不被憂煩所擾所縛，不為幻影所昏所眩，欲極其自性之清淨，只是如此自家工夫自家溫飽，如是而已。

翡翠踏翻荷葉雨，鷺鷥衝破竹林煙。

(宏智禪師廣錄)

六、「能除一切苦真實不虛」之般若禪行者

借鏡世法顯佛法，鏡影佛法而明辨世法。

一片無塵新雨地，半邊有蘚古時松；
目前景物人皆見，取用誰知各不同。
山舍清幽絕點塵，心閒與世自相分；
不知何處碧桃放，幽鳥銜來遶竹門。
（石屋禪師山居詩 X70，669a、670b）

讀高僧山居詩參悟《心經》「能除一切苦真實不虛」之般若禪行者，心中有事執

之，是迷；心中有理可契，亦非真悟，無法入「無所得」，之無事相理相可得的安然心境。

讀經聞法，悟諸法之定理，是契理，石頭禪師參同契：「契理亦非悟」，在法海浮沉中，「契理亦非悟」，然而歷經所言契理之境，也自是有一番參究實修之工夫，那就是須會經旨宗旨，南宋志磐法師《佛祖統記》所言佛心宗。一切佛法，總該有個宗旨，如我現在寫這些文字，總該以明般若禪為目的，而走筆般若禪文義也須有所依，之經論之宗旨所在。然後窮參究底在《心經》、《法華經》、《華嚴經》的禪之宗旨上，言般若禪妙在其中。

時時體會世尊「拈花微笑」之奧旨，之法味，我在《法華經者的話》對此意涵略有提及。此之深密妙義法海果海，即是等同於味入契入般若法海，是真泳於智海碧波中，何等之慧境界智自在之果海！行者誓願當求明般若心，究般若果，實須博學研參，如同宇宙無邊景色，處處感人心坎，般若禪定為慧命之源，華嚴思想有謂：「果海」之功，所修功德果滿如大海之無邊無際，以利益群萌！實是修般若禪「能除一切苦真實不虛」之宗旨所在。

《法華經》乃為教菩薩法佛所護念之經，天台以法華為宗骨，以般若為觀法。

寫於潤四月一日四更天，今辰時補述一段恩師倡導般若禪之藉由之法源。

天台觀心法，「一念三千」是禪觀自轉法輪之極致心要，經過一番止觀研心的訓練，才得以領解其中之深義玄微。借鏡世法顯佛法，鏡影佛法而明辨世法。開示悟入佛知見，乃「開」「示」世間三獨之妄想執著，而使行者「悟」「入」佛道正觀者，端賴於般若禪「止觀明靜」觀心之智照內明。

然而，如何能「開」，如何能得「入」，了了於佛陀之開示教示，是為世間一大事因緣故，天台智者大師依原始禪行般若之觀練熏修，始於《小止觀》繫念安般法，進於《六妙門》運行，終於《摩訶止觀》之「十乘觀法」，歸旨「觀不思議境」。不容思議，至《摩訶止觀》了不可得！唯因緣有。行者參究「因緣法」，是要了然於放下，漸空漸明漸體了，而方便起行，則息煩惱之彼岸非遙，就緣起性空之路歸至般若禪悲智老家。藕益大師之《教觀綱宗》，說明智者大師《摩訶止觀》之十乘觀法，所經過之十種心境觀照歷程，終於「不思議」境。具性修二德、化他等三義的內容，來詮釋天台於生活中的實踐行門之大義。「性德」不思議境，明了當體之一念本具三千；三千即一念的理體本具之觀法；「性德」境自顯。而「修德」可思議，更須認明三千法中、離法性與無明所生的觀想法，始能契合不思議境。在「化他」不思議境中，對自己行持的己心之活計，仍吃緊於推檢三千諸法，令其不偏不倚。

《法華經》中菩薩道思想，要能適機順應眾生的根性，則方便化度。仍立不思議境中，而妙運三千理具與三千事造。所以無論一念三千、三千實相，之如何微妙的觀法，但到根底要明白對「性德」的根本，以及「修德」的方法，而終於為「化他」功德的起行。實事不易之菩薩行門。

記得兩年前的浴佛節，午齋後漫步寺務所，不經心望見幾日前，浴佛台拆除的花，我把它們重新整理插過，頓時覺得感知那是心中任運自在圓融無礙之時，所投入的朵朵歡喜心之思，「情存妙法意」是生命的法味散發之景象。望著花，我當下的體解領悟，大如微塵，當下甘露見灌的心語：「唯佛與佛乃能究盡諸法實相」的禪思禪話，意味深長。

「自淨其意是諸佛教」，第六意識不染不動，而成淨意；意淨之妙意根，是自性眾生法界淨，則八識「盡淨虛融」，與菩提淨妙，菩提淨明鏡的感應道交。

這些新鮮心境、煥然一新的體悟，與生命的念佛調心調息助緣起行起修有著莫大的關係。「解行相應」「唯佛與佛乃能究盡諸法實相」，此中便是法華經者之「大機要」，此中自有生命的大文章，如何開動啟動此機要，如何成就此「入佛知見」的文章，都仰賴自家善巧方便行止的工夫得來，此中消息時時淨念相繼中，得得來。如是如是之理入行入，觸景照心，其義了了，自然了然稱法行之本然菩提大道。

事照理具三千，「繫緣法界，一念法界，一色一香無非中道，己界、佛界，眾生界亦然。」《摩訶止觀》。現前一念的心法，是如此的具足理具事造兩重三千，一切諸佛之法以及一切眾生之法，亦復如是，同樣具足理具事造的兩重三千。亦即了知，理具三千的性相及事造三千的性相，同在現前一念的妄心之中，盡顯。「唯佛與佛乃能究盡諸法實相」的禪思禪源禪話，它意味著法華經者般若禪慧命觀的深長久遠佛性問題。

方便品首句「世尊從三昧安詳而起，告舍利弗，諸佛智慧，甚深無量，其智慧門難解難入，……唯佛與佛乃能究盡諸法實相。」這一句「唯佛與佛乃能究盡諸法實相」的禪思禪話，意味深長。古佛與本師釋迦文佛；釋迦如來與現今的佛子，之接心。《摩訶止觀》說「以禪悅法喜慧命為息」通明諸法實相，這樣的隨自意觀息法，也是通明禪觀的觀息法，也是「能除一切苦真實不虛」之般若禪法華經者菩薩行方便行的入門之道，此之菩薩道的思想精神，智者大師開出「十乘觀法」。智者大師的法華三昧，《摩訶止觀》引《大集經》《華嚴經》開示我們說，「三事合調者。三事相依不得相離，如初受胎一煗二命三識，煗是遺體之色，命是氣息報風連持。識是一期心主，託胎即有三事。」

調凡夫三事之煗（身）、命（息・壽）、識（心），轉變轉化為聖人（佛）三法之戒定慧，這就是一種化通、融貫的思想，讓般若禪法華經者成就為「唯佛與佛」之「佛人」；智者大師說「色為發戒之由，息為入定之門，心為生慧之因。此戒能捨惡趣凡鄙之身。成辦聖人六度滿足法身。此息能變散動惡覺。即成禪悅法喜因禪發慧。聖人以之為命。此心即能改生死心為菩提心真常聖識。始此三法合成聖胎。始從初心終至後心。唯此三法不得相離。觀心調五事者。如前法喜禪悅為食也。……調息者，以禪悅法喜慧命為息。」默契「能除一切苦真實不虛」的生命況味。

《摩訶止觀》說「善根發相」，是極為實際之「能除一切苦真實不虛」的扭轉乾坤的人生境界。想想如果心常常有軌則，如是如是地不散亂，行住坐臥培養在凝心禪的工夫，自自然然由思惟的氣氛裏忽然自己散發出來，我認為這是《摩訶止觀》所謂的初步外善根發相。這時或許，可能吃飯，工作，走路的時候，都會有寂寂然入定的氛圍。這種自然的境界，就是能解我們心中之苦的妙藥，是我們所需要的，我們所求之如飢渴需食。所以，我們修行由戒生定，由定發慧，這戒、定、慧三學的次第是必然的「善根發相」。

般若禪的工夫，完全要從日常性來培養定靜的感覺。而且是好好的培養，讓這個「定慧力莊嚴」來行持菩薩道，就要好好數息，以數息為粗，以隨息為工夫教工夫。善思惟之，如何是工夫教工夫，是一層層工夫如泉湧出、從地湧出。

三觀之智，以智觀理，以慧觀境；般若禪乃行乃知，知乃行之始，行乃知之成。至終唯轉識成智，是人生一大關鍵，一大事因緣。為要修得智慧慈悲，安住法性涅槃妙心，雖法法同源，仍須做個依定人，依《心經》為觀法；依《法華經》止觀研心；依《華嚴經》生死齊平菩提淨明鏡，之一切唯心造。而修得音聲舍利之法，時潤有情眾生慧苗為念，為照，為導，為善導。啊！會當凌絕頂，一覽眾山小。一面寫書，一面發願心，一面細味「梅花破雪已成春」，這是己心書寫的過程裏所自然呈現的景象。今日晨朝遊活經卷花香，沒有陽光沒有涼風徐徐吹來的沉闇底天色，日落申的此刻正落著雨，深水觀音庭前依舊嗅得芳香，幾朵玉蘭花供於佛前，的同時嗅覺香之本體，無言默識，這自然天理，不搖其心，不動其性，不損乎神；淡然純性，無擾於真如自性也。

書寫本書過程裏，深深體知「安樂行品」之當於一切眾生起大悲想。藕益大師《法華會義》科判為觀行之「大悲想治嫉誑」。心不死，而慈悲活在；情不滅，善用引掖群萌護生。我雖然覺知這是永遠底一種尋解追尋，可隱約透露心中消息，遊活經卷花香，偶之手把茶盞默坐，清明的呼吸，斂容默識心君，觀息法的蘊奧綿密，於中而生。學佛者習性絕對要斷，不可讓棄智任情的習性微擾心緒。想想鳥依空、魚依水、人依五蘊、菩薩依悲智性空，如是這般地，人與人之間固然不可依，然依於「念佛心心中佛常念佛」，可無慮於得失，鮮活其心情。看落日步步是歸途。

蕅益大師《法華會義》科判，在安樂行品文末，說人生不過是一場好夢。是啊！出家能講經弘揚佛法寫文章，至終只不過是，得個一場好夢，醒來發現自己，很好很安詳；一切的一切只不過是，水月道場空華佛事，即便做了大事，亦復如是如是的安樂行。不要煞有其事的不可一世，唉！還有天中天人中人；如是如是，人生不過是一場好夢，而自我安慰自己不枉此生的生活著。用自己的自性清淨心、慈悲智慧尊貴自己。這是佛開示我們說的，菩薩平等大慧。如是智慧人人有之，如《法華經》的方便品云：若人散亂心，入於塔廟中，一稱南無佛，皆已成佛道。華嚴經的梵行品云：初發心時，便成正覺。

走筆至此也該收筆了，坐禪閑處，默吟一句彌陀，說山中話；六月松風，人間無價。清涼風雨敲荷葉，柔和文靜些許吧！風雨啊！都已是夕照時分了，荷花只穿著薄薄的白紗似的綢衣，迎向黑夜，等待朝霞鳥鳴，再次開顏微笑。

聽！己心中，心幕上，敲著聽不勝聽，看不勝看，的靜觀。莫忘內中之心靈生活，佛性智慧。一句彌陀，想寂思專；一句彌陀，般若禪觀默契「能除一切苦真實不虛」的生命況味。

聽！徹悟禪師的一句彌陀法語，細細參思，自有性分中之法味無盡藏，於舉足動步中鮮活著深邃幽微的般若禪思惟。再次深深契裏契機這「一句彌陀，想寂思專」的默默自語，生理元無住，流光不可攀，誰將新日月，換卻舊容顏。

一句彌陀。如鏡照鏡。宛轉互含。重疊交映。
一句彌陀。似空合空。了無痕縫。卻有西東。
一句彌陀。百千卷經。水中鹽味。色裏膠青。
一句彌陀。常寂滅相。時至華開。鶯啼柳上。

一句彌陀。是究竟道。下士聞之。呵呵大笑。
一句彌陀。殊非草草。救取丹霞。喚回趙老。
一句彌陀。萬古空平。當人面目。大地眾生。
一句彌陀。明珠走盤。看則有分。道即應難。
（徹悟禪師）

七、結語——水邊林下保養聖胎

收筆時，圓通寶殿讀誦《觀世音菩薩普門品》，落霞滿天，光照經文紙上，一度映紅，觸景照心其義了了；人能退步便無憂，於生之歲月了了，明因果了生死之禪味。心念不空過能滅諸有苦。鳥啼兒童也曉了，然而花展顏微笑，非人人都見知，之生機呼喚。

想想《般若禪，如來使：心印曉雲導師、開良師父》寫寫停停，在夏日炎炎正好風送妙蓮香之際。感深水觀音禪寺寂靜之鄉，僧家心不為事困，人忙心自逸，一任清風拂面。

深水觀音是靈氣寂靜之道場，為生之旅的歇腳處釋肩亭，寺院有這樣的社會功能。人間寄旅，人間事如拂袖風，有依定人依然未隨它飛舞。人是有感情的，在旅途中平時善於整理心緒，作為獨立思考的時間與空間，到達下一站，便可以隨時重新出發。一切新鮮，一切復甦，又是另一新生的開始，生命只是平常；常新祇是一如，一段一段慧命開拓，生機無限，水邊林下保養聖胎。

信手拈來影心跡，近期寫的書稿文字，算是書寫了己心工作日記，生活上算是整理了放下提起，能放下的已然有意無意地放下了。再來還有更重要的責任是甚麼。啊！流光不可攀。前幾日深夜書寫文稿，眼睛實在疲勞得睜不開，而讓自己閉目默思，讓眼睛充分休息舒解。流光似的心跡一時湧現，一種平日不得解的答案，思惟裏似乎有個輪廓，然再思未得究竟。欲苦思力索的轉瞬間，閉目的眼前，如夢一場，令己生厭不已，援筆欲記其感覺，倏忽之間已飄至遠方。

啊！能除一切苦真實不虛！

時時觀讀默照《心經》，細味研讀「無所得故」，默識其中妙理，使得人生之真旨。感佛陀沉雄的生命力智慧之光，仍然照射於般若禪行者心中，智慧容顏活然於《心經》經本紙上。「照見五蘊皆空……能除一切苦真實不虛」，如見世尊菩提樹下降心魔之悲喜；留得方寸淨明之機，內照外照，苦絕、枯絕、悽絕而後方甦醒，大死大生之精神，身雖安座於菩提樹下，菩薩精神遊曳於天地雲層海濤中，流暢自如，之真如心、大悲心、四無量心。不是業死中重新鮮活智慧生，如何能飲得不死鄉之甘露泉，體悟慈悲智慧之心。發深心，禪寂自思慮，夢忍了世法。夢體無生滅，住於夢定中，了世皆如夢，伺察如水中影，心大欣慰，雨大法雨，與善知識和合無二，三業無有疲厭。

今年誦《華嚴經》的覺受之一。入法界品善財童子持菩提心珠心燈，鑒迴向光，而生一切善根願水。乃善財童子發起一菩提心燈，相敦觸於性之本自澄潔，而然百千燈，其本一燈無減無盡；實乃菩提心燈能普然三世諸佛智燈，其心燈無減無盡。是善財童子與菩提心寶相敦觸的意像。「善男子！譬如一燈，入於闇室，百千年闇悉能破盡。菩薩摩訶薩菩提心燈亦復如是，入於眾生心室之內，百千萬億不可說劫諸業煩惱、種種闇障悉能除盡。」（T10，432c）

菩提心如清淨清涼水，其性本自澄潔，以是故行者為發心饒益人世間，為護念有緣人，而勤求一切佛法的精隨，發大悲心直趣菩提心海，因為菩提心如善知識，善知識者則是如來也，行者敦觸清淨澄潔的菩提心，則如善知識，護念有緣人能解一切生死縛，敦觸菩提心寶如良藥，能治一切煩惱病。

故於念念中，以精進心法供養師長善知識如來，所謂法供養者一心不動，勤息一切意業，喜心悅豫地相敦觸於菩提心寶明燈，如影潔光流遞相鑒徹，咸共開敷種種法光明；如明鏡，普現一切法門像，善知菩薩出要道。

「若持法華者，其身甚清淨，如彼淨琉璃，眾生皆喜見。又如淨明鏡，悉見諸色像，菩薩於淨身，皆見世所有。」（《法華經》法師功德品）

此段經文說明：六根清淨之要義，在相敦觸於《華嚴經》入法界品，釋菩提心要義時所說明：「如人護身，先護命根，菩薩摩訶薩亦復如是，護持佛法，亦當先護菩提之心。」因為菩提心猶如命根，能任持菩薩大悲身之菩提淨明鏡；而且菩提心，如同甘露，護身護命根能令安住不死界。

心佛眾生三無差別，馬鳴菩薩的《佛所行讚》出城品：「吾今心渴仰，欲飲甘露泉，被馬速牽來，欲至不死鄉。……人馬心俱銳，奔逝若流星，東方猶未曉，已進三由旬。」一心渴仰者善發欲飲菩提心之甘露泉，至不死鄉，開智慧華的老家。此乃行人護持佛法，先護菩提之心，意即六根清淨之護大悲色身，首先當護菩提心之命根，只因命根若斷，等同捨菩提心，不能利益父母、宗親，不能利益一切眾生，不能成就諸佛功德。

思惟至此，中夜獨坐窗前，夜氣虛靜，覺生死挂念頭，真實的生活，須求真實的性情。漫步廊道，感激，月兒送我的影子，鏡影裏，看見了唯一的良伴，樂以忘憂，書寫了，早年鏡喻一心對生命的洞察，止觀研心，照見佛種從緣起的研究，慰我幽獨山居。人，自己看不清己之面目真相，所見者，惟己之影像！所以人需以，純潔簡樸的沉默，回答複雜的人際問題。想想山居生活已然數十秋，日日曉風夜涼親切留白，然而漸覺繁忙生活近身，今日禮誦《妙法蓮華經》，感知人人心中有部《法華經》，此法在人，則人尊貴，則心中真正自由。今日的鮮活心境，如是色光，如是善法因緣，法喜法樂。「德不孤必有鄰」，今年母親節深感，有緣聞香，不可無緣默契。晚風中，獨自遊心法界，在微風徐徐，憶想著生命的貴人。人，這珍重的互助合作。人怎麼往前邁入，日日更新的時代秩序？！想著今日夢醒時分，清明心水淨，望著幾分憂思，帶著幾分惆然滄桑，南窗曉風，桂香飄來菩提影現中。

山中種菜栽花，四月桂花茉莉花玉蘭花的芳香日子，春光照，香味通禪心，真是有緣聞香，不可無緣默契。般若禪觀的熏修，就是這同樣日常的生活，染淨善惡法喜法樂地透過心地的塵土，培育出來無數的桂香茉莉香玉蘭花香的青草地，來牧牛。迸發成茂密的森林、香的味道心源，在繽紛波紋裏，一現。

如是如是默契己心中所行門，歷歷分明每一步足音，彈奏出性具染淨善惡，痛苦的喜樂，樂曲！這心念的溪流，宛若日夜流竄在自己的血管，流過心的世界，在語言旋律的節奏裏，心念看著未念、欲念、念、念已，舞蹈著。

如是的生命意象，在深水觀音日昇日落中，轉動著生與死的年輪，日日月月經過一些助緣之力，讓五種感官受這諦觀現前一念心，生命靈動的撫觸，生活轉動得日益光彩，鮮活。如是之心念，因為心深底處，曾經覺受的人事物時代的脈搏，正在己心所行門的意象裏昇騰，也在身體的血液中流動著，默契著菩薩智幻。「佛子！舉要言之：菩薩至於不動地已，所有身、語、意業現行，皆為積集一切佛法。（T10，562c）心無功用任智力，唯餘清影落江湖，我應知時時，夢醒。了然菩薩不動地「菩薩能知一切身，為化有情同彼形；刹土無量種種別，悉為現形無不遍。譬如日月住虛空，一切水中皆現影；住於法界無所動，隨其心樂各不同。」

《華嚴經》善慧地第九：譬如幻師作眾事，種種形相皆非實，菩薩智幻亦如是，雖現一切離有無。如是美音千萬種，歌讚佛已默然住。解脫月言：「今眾淨，願說第九地行道。」（T10，563b）

山居生活的幸福，曉月餘色映竹簾，雲海飄渺遊山間；慈悲彌陀啟真言，慧光音遠徹大千。大殿鐘鼓聲聞得清明，恍如夢絕，念頭一閃，啊！又添一日在浮生。步入大殿早課持念楞嚴咒十小咒，不失不散是「持」是放下的工夫，如何能「行亦禪，坐亦禪，語默動靜體安然。」放得下三毒的念，就會提得起，三無漏學妙慧境界之方便智自在。般若禪定為慧命之源，悠然而興之念，即是「一念心是心的歸依處」。觀念是由「心」產生的。妙峰高處雲端上，寒空星稀默照禪；一抹色光蓮華藏，天地人間音色香。

山色溪光明祖意，
鳥啼花笑悟機緣；
有時獨上臺磐石，
午夜無雲月一天。
（X70，667a）

般若禪法，就是修習明心見性的方法。即親證真如佛性，故能廣照空有二輪，具足體相用三大。「般若佛母，禪行般若母，教戒禪行母。般若主照，照五蘊空，悟無所得。」（華梵大學創辦人曉雲導師，般若禪碑文。一九七八年元月一日歲次戊午年元月旦立）

八年時間任董事長，禮拜華梵大學董事會菩薩，心中自然湧現此菩薩是「般若禪行者菩薩」。

「般若禪行者菩薩」為孫超老師早年作品（一九七六年）原安放於永明寺蓮華學佛園的月明軒，創辦人曉雲導師親自指導之作。後來一九九〇年華梵大學開辦導師奉請至五明樓的董事會安座，時空的轉移「般若禪行者菩薩」剝落掉色，二〇一二年我第一年任董事長時，因與「般若禪行者菩薩」之因緣甚深於永明寺蓮華學佛園，及深水觀音禪寺「弘願深如海菩薩」，善自親近善知識慈悲濟世，亦為孫超老師作品（一九七八年）的緣故。自然地啟動了我重修「般若禪行者菩薩」的念頭，請孫超老師再來指導由學校「美術與文創系」的林萬士老師帶領學生共同完成修復工作。再擇一處不被太陽直接曝曬，轉個方向以阿育柱為依靠，面相圖資大樓的清靜處，背景則複製一幅創辦人一九五八年的禪畫《黑林雪霽》為紀念，為護佑學校。

走筆至此思及「般若禪行者菩薩」即是《法華經》法師品的五種法師的寫照，也因為如此方能說是覺之教育的護持實踐者曉雲導師；受持，讀，誦，書寫，解說《法華經》的覺之教育。因為受持，讀，誦，解說，能生解成觀照法門，自軌軌他，自覺覺他，謂之般若禪之法師矣。而書寫《法華經》亦稱法師，書寫尤可自覺覺他，尤易生解成觀；均是宛如一紙筆墨，乾坤寸腕前，寫《妙法蓮華經》，則唯是佛因矣！是同一性靈，一緣助，一功能；覺之教育，華梵大學是一幅創辦人曉雲導師最後的一幅禪畫，實是最後以書寫《妙法蓮華經》為要義之深深意矣！華梵人怎不深深味味其味呢。華梵大學覺之教育在般若禪行者曉雲導師的生命創作理念裏，展現了般若淨化思想菩薩悲智精神，於社會教育之功，於佛教教育之功，乃十法界升沉，不分而分，如此矣。十界互具，十界非此俱不成，十界因此遂互具。既成而互具矣，則必有如是相性體力等，百界千如，炳然在一紙墨閒，一手筆閒，一性靈閒。

《法華經》是平等大慧，諸經中王。佛法妙，生法妙，不離心法之妙。現前一念妙心，是名蓮華。悟心蓮華，一切法無非蓮華，心是經王，心是平等大慧。

法師功德品之父母所生是肉眼，何以成為清淨常眼，原來「眾生起菩薩心……正念思惟一實境界」。此一實境界，由於菩薩空生大覺，覺之教育，念眾生苦，慈悲無量，福德因緣自然成就。《法華經》普賢勸發品《法華經》者之四要法：植眾德本，諸佛護念，入正定聚，發救一切眾生之心。

菩薩心對生命一體同觀，發救一切眾生之心。佛陀大覺，悟一切眾生皆有佛性，而諸佛護念。「全修起性，全性起修」（法華三昧），體相用三大，而入正定聚，人；如此圓滿一生，還持續無量生生世世，故而植眾德本。

對宇宙人生茫然，生來死去，茫茫人海，如「一片孤舟，飄泊在海中央」！恩師晚年說：「茫茫天宇霧漫漫，無限悲歡在人間；此生此世甘甜苦，都是醍醐順口嚐。」當知人生過程一環如是，《金剛經》云：「一體同觀真實法。」佛陀是真語者，是實語者！然《大方廣佛華嚴經》為根本法輪，流出無量法門，開權顯實，還歸法界性海。觀之，大方廣者，即直指吾人現前一念之三德秘藏之性。佛華嚴者，即指稱性所起圓頓修德之功，不達性體三德，萬行何所莊嚴，不以佛莊嚴而為莊嚴，性德何足貴重。佛華莊嚴者，戒定慧三學而已；戒學定學福德莊嚴，無上慧學智慧莊嚴。慧固佛慧，福亦佛福。

天地存吾道，山林老更親；
閒時開碧眼，一望盡黃塵。
喜得無生意，消磨有漏身；
幾多隨幻影，都是去來人。

生理元無住，流光不可攀；
誰將新日月，換却舊容顏。
獨坐唯聽鳥，開門但見山；
幻緣消歇盡，何必更求閒。
（X73，794c—795a）

般若禪如來使，般若有四種方法。謂四門入清涼池之方法，所契之理平等大慧即等也。修學般若禪能得無上福田。佛告文殊師利：「汝欲使如來為無上福田耶？」文殊師利言：「如來是無盡福田，是無盡相，無盡相即無上福田。非福田非不福田，是名福田。無有明闇生滅等相，是名福田。若能如是解福田相，深植善種，亦無增減。」（T8，729a）

如是我聞，諸佛如來，但教化菩薩，諸有所作，常為一事，唯以佛之知見，示悟眾生。……諸佛世尊，欲令眾生開佛知見，使得清淨故，出現於世；欲示眾生佛之知見故，出現於世；欲令眾生悟佛知見故，出現於世；欲令眾生入佛知見道故，出現於世。舍利弗！是為諸佛以一大事因緣故，出現於世。

（《法華經》方便品）

《摩訶止觀》但專繫緣法界，一念法界。繫緣是止；一念是觀。此之法界亦名菩提，

亦名不可思議境界，亦名般若，亦名不生不滅。如是等一切法，與法界無二無別。（T46，11b）

進四種三昧入菩薩位。說是止觀者。夫欲登妙位非行不階。善解鑽搖醍醐可獲。法華云。又見佛子修種種行以求佛道。行法眾多略言其四。一常坐。二常行。三半行半坐。四非行非坐。通稱三昧者。調直定也。大論云。善心一處住不動。是名三昧。法界是一處。正觀能住不動。四行為緣。觀心藉緣調直。故稱三昧也。一常坐者。出文殊說文殊問兩般若。名為一行三昧。……但專繫緣法界一念法界。繫緣是止。一念是觀。

（《摩訶止觀》）

道場即清淨境界也。

半行半坐。亦先方法次勸修。方法者。身開遮。口說默。意止觀。此出二經。方等云。旋百二十匝却坐思惟。法華云。其人若行若立讀誦是經。若坐思惟是經。我乘六牙白象現其人前。故知俱用半行半坐為方法也。……方等者。或言廣平。今言方者法也。般若有四種方法。謂四門入清涼池即方也。所契之理平等大慧即等也。

(《摩訶止觀》)

非行非坐三昧者。上一向用行坐。此既異上。為成四句故名非行非坐。實通行坐及一切事。而南岳師呼為隨自意。意起即修三昧。大品稱覺意三昧。意之趣向皆覺識明了。雖復三名實是一法。今依經釋名。覺者照了也。意者心數也。三昧如前釋。行者心數起時反照觀察。不見動轉根原終末。來處去處。故名覺意。諸數無量。何故對意論覺。窮諸法源皆由意造。故以意為言端。對境覺知異乎木石名為心。次心籌量名為意。了了別知名為識。如是分別墮心想見倒中。豈名為覺。覺者。

(《摩訶止觀》)

云何無畏如師子，所行清淨如滿月；
云何修習佛功德，猶如蓮華不著水……
進止安徐如象王，勇猛無畏猶師子，
不動如山智如海，亦如大雨除眾熱。
（《華嚴經》明法品）

後記，節錄一段，恩師般若禪覺之教育話語：

民國七十三年十一月十六日。曉雲恩師「般若禪開示」修學般若禪初步的工夫。十一月二十五日般若禪開示了傅大士的《心王銘》裏面，有許多非常令我們好好用功的句子。實在受用，我時時背誦著恩師於一九七八年元月一日在永明寺「蓮華學佛園」的「般若寮」書寫的「般若禪碑文」。

恩師說，我們能找到一句「自觀自心，知佛在內。」但是，你怎麼能起觀呢？你必須要有歸依，數息。數息，數到只有一念，這一念才能起觀。如果你沒有這一念，不能起觀的。這數息工夫，如果做到熟的話，你隨時都可以觀心。後來天台一念觀心，就是這樣發展出來。假如數息工夫，都沒有數好，觀什麼？一起念就是妄想。但是，如果數息工夫數好了，念佛工夫念好了，你隨時會分辨：妄心莫隨他去，正念在內，如如不動，你自己能辨賓主。

華岡夜更促醒我推廣佛教社會教育之原力，華岡前後二十三個寒暑，也促成我對「覺之教育」探尋世尊——佛陀——人類大導師心靈教育之覺世醫王。從那本有字之書而讀到無字之書，我探尋到菩提大道，可是菩薩海會的法音仍在呼喚著我，人間佛教是要靠「覺之教育」為世人響徹暮鼓晨鐘。不須記得什麼時候開始，也不須回憶，總之在我人生歲月的階段獻身教育，當然重視佛教教育的提昇；幸好文學的幽雅、意境的陶冶，我也得經過幾多回林間的裏外。

禪畫《喜馬拉雅山》，感覺地球就在腳下，所謂平等大慧，倏忽明見佛光，猶如進入佛光的時空隧道。體悟了，心佛眾生三無差別，覩悟了，別在於「信解行證」。因之，日日尚須修行，向那邊事了義，從凡入聖；卻來這邊行履，從聖入凡。如是之「平常心是道」，「分明空劫那邊事，一道神光自古今。」這樣的六根門頭一道神光，晝夜不停未曾間歇，閃爍發光發亮於人世間。眺望著神秘清晰的悉達太子佛光，祇看見渺小的自己，如滄海一粟。

是啊！停筆在禪思禪話。感恩深水觀音到場，早晚春風涼爽怡人，花兒展顏開懷微笑，萬紫千紅得得來。誰識之，花中能解語，展顏微笑自有原來，如是。非花香，非色好，智者大師所謂：「一色一香無非中道」，個中消息不落言詮，於般若禪中妙契。

春深雨過落花飛，冉冉天香上衲衣；一片閒心無處著，峰頭倚杖看雲歸。
青山不動自如如，朝暮雲霞任卷舒；縱有紅塵深萬丈，曾無一點到茅廬。
萬峰深處獨跏趺，歷歷虛明一念孤；身似寒空挂明月，唯餘清影落江湖。

（X73，806b）

【附錄】總務處記述重建「般若禪苑」，檔案文字：

華梵大學釋悟觀董事長接篆後，對創辦人曉雲導師「境教」推動之成果極為關切，視察慘遭祝融的般若禪苑原址，緬懷創辦人率蓮園師生共修指導之情景，遂矢願重建「般若禪苑」，以重現曉雲導師的般若禪、佛教園林思想，再現「萬里長空一朝風月」的曉覺般若妙智慧。

般若禪苑重建案經董事會通過後，在今年五月七日舉行工地灑淨浴佛祈福點燈，準備開工，然連續天雨，至六月初始得放樣立基，正式動工，期間則就設計和構工方案進行調整，確定以全鋼構施做，經結構簽證並計算承重，強化護坡，以安全為首要，把握「堅、樸、雅、實」的建築語彙，期能成為華梵教職同仁「善入靜淨佛慧，培育心靈養分」的道場。

開工以後，進入會延誤工程進度、令人心焦的颱風季節，總務團隊啣命重建般若禪苑，全力以赴，但對天氣變化是無能為力的，結果自開工以來竟連續天晴，無風無雨，僅歷經四個多月，就能在十月三十日華梵校慶日順利舉行啟用儀式。每當颱風，大崙山上的風雨程度尤甚於平地，對施工進度來說是致命傷，但般若禪苑重建工程卻出現近三十年來僅見的七、八月間幾無颱風侵台的現象，這是創辦人曉雲導師之護佑。事實上在啟用以前，董事長悟觀法師為紀念導師及為禪苑和學校祈福，就已盛重地在創辦人圓寂正日（十月十五日）前後於禪苑般若堂舉行齋天和誦光明經的祈福儀式，當時眾多大德高僧暨護持委員雲集，法儀莊嚴，氣氛肅穆，場地運用順暢，可說此工程就通過了基本考驗。

悟觀董事長對此工程極為重視，親自視察工地和指示施做不下十餘次，經常可見董事長頂著烈日在工區穿梭，實地到各施工現場了解方案和進度。出現在般若禪苑和覺之教育推廣中心之間偌大的新生綠地，就是悟觀董事長親自現場規畫基地和道路走向後才產生的，許多人都訝異於建築基地看起來不大，為何完成後連同自然綠地會呈現這樣宏闊的尺度，這在設計當時也是沒有想見的，被董事長現場構念後竟奇蹟似地呈現出來。

般若禪苑另一處亮點是每根大梁上共十六幅的彩繪飛天，畫師為了慎重，特地準備了一百二十幅飛天圖像恭請董事長挑選，不料董事長請畫師自由發揮，因為「唯有專業畫師才知道如何配合環境將飛天神韻做出最好的呈現」，顯現了悟觀法師尊重專業的氣度。彩繪是精緻細工，業主和畫師通常要多次溝通，董事長在某次視察時和畫師在工地巧遇，就把所有溝通事項一次完成，師傅自此安心專注作畫，常見靜謐夜晚裏幾位畫師認真地在鷹架上彩繪，和白天喧囂的工地形成大異其趣的對比。

本著對護持委員、功德主發心捐獻的感動和感謝，本工程始終堅持審慎撙節的原則，般若堂牆上的功德芳名錄，除了彰顯大家的貢獻，也是時時提醒我們要把資源花在刀口上，需要力求品質者當用則用，可以降低支出者如以油漆取代梁柱包木，部分家具和電話系統等則用學校的堪用品，都體現了團隊盡力減少營建成本的苦心。

工程中總務團隊全力打拚固不在話下，承商也能體認這個工程的意義，為了抓緊進度，調兵遣將，鳩工庀材，四月而就；而最值得敬佩的是工程顧問鄭文昌先生，全程參與無數次工程會議，提供諮詢建議和進度控管的意見，使得整個工程和部分項目調整之介面能無縫銜接，是本工程啟用的重要關鍵之一。

般若禪苑室內面積共二六二坪，包括二樓般若堂一六八坪，一樓停雲閣五十九坪和於其側的覺之教育推廣中心三十五坪，南北座向，極其莊嚴。室外空地分別規劃為主庭園、中庭園、蓮花池，以及初步構想作為農圃之樂的前述新生綠地，形成綠意環繞，濃蔭天成的園林景觀，庭詠梅，院抱松，初日霞光伴雲影，隨見修竹眺遠山，真是充滿農禪地靈之寶處。

第二輯

我的母親師父——契理契機事究竟

茅簷雨過日頭紅，瞬息陰晴便不同；
況是死生呼吸事，黃昏難保聽朝鐘。
（石屋禪師山居詩 X70，669b）

卷頭語——光影裏深藏天趣

如來使法華經者發心修行趣向之義，謂開示悟入佛之知見道，所言發心者謂敬信成就發心，解行止觀發心，證入中道實相發心。

發心趣向「信解行證」則能如《大乘起信論》所云：若心馳散，即當攝來住於正念。是正念者，當知唯心，無外境界。即復此心亦無自相，念念不可得。

母親師父一生勸人修行：「正知正念得正覺；不可迷信迷迷不悟」。念念不可得之正念，是光影裏深藏天趣，人的容顏是否能調練，眉宇間之禪定正念三昧，這是般若禪如來使者，一個最深沉的真理寶藏，修大悲色身常護眾生，得以迴旋其間，安定人心。

必須經歷之歲月，練習內中的平靜，行步安詳，禮佛繞佛觀佛經行，思維佛菩薩生命意境，是正念定靜的容顏，在面容上有所蘊藏，七分神三分人，之佛人的氣韻。智自在慧境界，給人一種接觸後，令人覺受一種什麼似的柔和善順純淨，縈迴於心底，是尋解尋真者的氣韻。如一朵晨間展顏的荷花，光影裏深藏天趣，臨鏡醒身心。

止觀之智照，安住於禪定中，渾然調和於智慧之人格，了然無礙，生機無限。如何在「存在的虛無感」中感覺，生命的任何一件事，要如實的與生命意義有所串連，生命的核心能力源泉，會在緣遇之機裏乍現。母親師父不識字，但是對生命的體驗非常深刻，善用了一生的夢覺。與師父有緣的人，總能識師之音，師之話語，誰人能識師之心，在徹悟大師「居山能得幾人知，千峰如畫掩柴扉……風鳴萬籟聲初靜，月上千峰影半吞。」獨自覺的情境，晚鐘使人心豁然開放，當勤方便禪思。

擱淺十幾年，如何書寫母親師父因為專心佛道，常行大悲咒禪定為藥草，庇蔭有緣人，安住法性，而發心建寺。天地為心，宇宙為心，母親師父心境之大，是菩薩無邊大願。如同《華嚴經》淨行品所謂若修園圃，當願眾生，五欲圃中，耘除愛草。師父的心性修煉調養，來自於建寺點滴的功行，決了死生呼吸事，總能萬象平沉心自照。

去年十月出版了《法華經者的話》上下二冊，自許獻給母親師父建寺點滴功德之無量，想想也覺得能寫一些與母親師父的深深緣。

一直擱置十幾年的心跡對話，這些、玄玄義的話語對誰談說好呢？於佛法熏修得力否！今年華嚴共修法會日課畢，於黃日西垂我常迎風默坐，華嚴共修圓滿後，本想動筆書寫，卻也只隨筆寫了幾許些的心跡。時序來到五月，一日風雨雷聲大作，動了念，想請拾得法師為書名題簽，封面繪畫《弘願深如海》的「經藏禪」。腦筋構思了，《弘願深如海》封面的畫想，想想歷代祖師修道於山林園林，師父所建造的寺院道場，雖非深山園林，卻位於燕巢深水，「天下名山僧居多」。正如宋代趙抃所說：「可惜湖山天下好，十分風景屬僧家」。

五月三日無意中看到拾得法師臉書貼文，話說了細讀《法華經者的話》，我心喜之。文末法師說「拾得此生欣於識遇，二位同行善士，拜讀之餘，念起，弘公偈頌，君子之交雖淡若水，箇中滋味，若三千一念，慨！三人行 必有我師……二位尼師大德之真俗二諦，行徑言事，如撿拾得，應當學。」

感恩啊！我遂寫了訊息給法師，「法師福吉祥。可能感應道交吧！近半個月來，腦筋裏一直轉著，也直放心中，未決定。今年十月在有鹿我會出版三本書，心中幾次閃過，其中一本紀念我們開山祖師我的母親師父的書名《弘願深如海》的題簽及插畫、封面繪畫，想請您設計。直放在心裏未說，前天還大膽地設想，如何請您來禪寺住幾日，找些靈感來源，為書本封面創作一幅，及約六幅禪寺意象的插畫。」

就這樣的因緣，我讚嘆法師的篆刻：「呼吸間的刻印裏，體現柔和善順，非縛非脫遊心法界。」法師五月十一日來禪寺住了三日，當日五月十一日我在臉書發文「慈意妙大雲」。

人定時分。慈意妙大雲。

觀世音菩薩普門品中，菩薩的性是慈悲；德是普門。「慈意妙大雲」是意象著觀世音菩薩的性與德，以慈悲平等的心性，慈眼視眾生普渡群萌；用大慈悲意念的雲海，蔭庇有如處在焰陽下的眾生。

觀世音菩薩慈悲平等的意念，是不可思議的悲智教化境界，如同虛空中的大雲，法雨潤人華。「慈眼視眾生，福聚海無量」。慈眼視眾生，感受觀世音菩薩所修的福德，猶如大海無盡藏。慈悲的觀待眾生即是平等心、無分別心，即是「福聚海無量」將所聚積的功德，完成無量無邊的福報，蔭庇有情覺有情。

母親師父一生以六度波羅蜜的「忍辱」二字，學習成就了觀世音菩薩普門品中，「慈意妙大雲」「慈眼視眾生，福聚海無量」，蔭庇有緣人。

慈意妙大雲的生命樂章

方才看拾得法師書寫書名「弘願深如海」，我的腦中影現一景，通了，就是南洋杉一樹一僧人，「我的夢境」，藥草喻品的三草二木！大人，生命延展性裏，「接心處」，是懸在寂靜中，身是寒空掛明月，原本的生命體，生命的本尊；念頭的寂靜處，是菩薩與眾生接心於「慈意妙大雲」的意象上，「念彼觀音力」，如同「念佛心心中佛常念佛」，念佛心心中佛，當中那「心與心」，剎那的一呼一吸中清明的念頭，「念彼觀音力」，延展下來的菩薩性，是寂靜性所演化開來的「慈意妙大雲」，將在生命生活中打成一片。

真觀清淨觀，廣大智慧觀。悲觀及慈觀，常願常瞻仰。無垢清淨光，慧日破諸闇。能伏災風火，普明照世間。悲體戒雷震，慈意妙大雲。

法師昨天六月十七日在臉書發文，篆刻「弘願深如海」的緣緣之緣。如同我的構思而刻畫細膩地表現「弘願深如海」的意境，之深遠。我一直意象著「深水觀音禪寺」雖非深山園林，實是禪林意象，園林景觀的思想，天機活潑生動悠逸，因為本師釋迦文佛「修道於山林，成道於叢林樹下，講道於園林。」這是一個悉達多太子菩薩自身承擔的「大事因緣」。安般數息六妙門，層層疊疊的工夫，把生命化為一個小宇宙，跟著大宇宙動靜調柔的運動，就是「一念觀心」攝養。

深水觀音是凝心攝念的禪寺，因為他是母親師父生命的結晶體所建造完成的，我們不會拋棄自家無盡藏，它是人生的第一大關鍵，在圓通寶殿大雄寶殿，思考四周圍園林景觀領域的生命故事生命意義，體解南洋杉五葉松的生命消息，相互輝映著大宇宙動靜調柔的運轉，日月星辰之明亮，不會因為雲霧繚繞所遮，而失去光亮之源，它明自本心；見自本性。

日日夜夜踏在深水觀音禪寺的土地，立下「腳跟大事」，平常生活中有心可明有性可見，生活大義，語默動靜當勤方便善巧禪思。《弘願深如海》的篆刻，拾得法師如實反映呈現在金石篆刻的藝術意象。

昨天拾得法師臉書發文，也引發我拾起回憶憶持日久功深始書寫此篇文字。雖也是平常事，書寫這一番光景，亦可喚做本地風光，見水中身影，體解《維摩詰經》「是身如聚沫，不可撮摩；是身如泡，不得久立；是身如炎，從渴愛生；是身如芭蕉，中無有堅；是身如幻，從顛倒起；是身如夢，為虛妄見；是身如影，從業緣現。」

拾得法師臉書貼文。

我篆刻悟觀法師十月將出版的新書《弘願深如海》封面。

深水觀音禪寺主持，華梵大學董事長悟觀法師繼《般若與美》，去年十月又出版了《法華經者的話》上下二冊，今年十月將繼續又有三本著作出版，其一就是《弘願深如海》，法師要我書寫書名，及篆刻《弘願深如海》的封面。啊！緣起甚深微妙。真是緣緣之緣。

上個月五月十一日拜會住持悟觀法師於高雄燕巢「深水觀音禪寺」，傍晚時分，靛藍霞光忽隱忽現，折射在古木參天之南洋杉五葉松中相互呼應，聆聽著法師追憶開山祖師開良法師親自栽種的南洋杉及主持法師自己種的五葉松林。其景其心如子憶母如母憶子，水乳交融超越時空。

那天晚上我的刀釘在印石身上，行走鏗鏘石崩之聲與陣陣夜鷹豪啼，映像住持悟觀法師五月十一日臉書貼文：

『方才看拾得法師書寫書名「弘願深如海」，我的腦中影現一景，通了，就是南洋杉一樹一僧人，那是我早年的夢境，藥草喻品的三草二木！大人，生命延展性裏，「接心處」，是懸在寂靜中，身是寒空掛明月，原本的生命體，生命的本尊；念頭的寂靜處，是菩薩與眾生接心於「慈意妙大雲；弘願深如海」的意象上，「念彼觀音力」，如同「念佛心心中佛常念佛」，念佛心心中佛，當中那「心與心」，剎那的一呼一吸中清明的念頭，「念彼觀音力」，延展下來的菩薩性，是寂靜性所演化開來的「慈意妙大雲；弘願深如海」，將在生命生活中打成一片。』。

悟觀法師這些文字深深震動著我內心大地，文字裏，這樣一樹一僧是主持悟觀法師臉書中所說的夢境，多樹多僧是法師之母開山祖師開良法師的悲願。

第二天清晨素描寺景住持悟觀法師指著大雄寶殿前的沙漠玫瑰，南洋杉，日本扁柏，龍柏說：「這些都是母親師父栽種的。要我盡可能地篆刻敘事。法師一邊徑行一邊予以詳盡感談開山祖師修持『大悲咒』的慈心度生，如同觀世音菩薩『弘願深如海』」。

安居期間我定心篆刻，緬懷印面中猶如慈父的觀音大士……。

「侍多千億佛，發大清淨願名為觀世音。佛告無盡意菩薩。善男子，若有無量百千萬億眾生，受諸苦惱。聞是觀世音菩薩，一心稱名。觀世音菩薩即時觀其音聲，皆得解脫。若有持是觀世音菩薩名者，設入大火，火不能燒……。」

此是觀世音菩薩的慈悲大願力，悟觀法師的慈母出家後，依持著觀世音菩薩秘密真言《大悲咒》，日日夜夜持誦廣結善緣普度蒼生，感招龍天護持，我刻楊柳淨枝遍灑三千，這淨瓶中寓意著開山祖師老菩薩「弘願深如海」，柳枝隨風清飄長養生靈，潤澤幽邃所生草木，如法華經藥草喻品法雨潤人華，一切眾生都能得到佛菩薩之法雨潤澤。飛天凌空飛舞，拋灑蓮花如座，供養菩薩功德無盡意。歷經半月鐫刻完成。

《法華經》「觀世音菩薩普門品」中的偈頌：

世尊妙相具，我今重問彼。佛子何因緣，名為觀世音。具足妙相尊，偈答無盡意。汝聽觀音行，善應諸方所。弘誓深如海，歷劫不思議。侍多千億佛，發大清淨願。

方外女走筆至此，思惟之，修行需道場，身體是首要之一的場所，身之氣息柔順，亦有賴天地宇宙大自然之養。尋幽調氣息柔，日落申步行蓮沁海會，賞心悅目的禪寺風光，思之，是何弘願，造就了「深水觀音禪寺」如此莊嚴的道場，使人遊觀歇腳養心……於此清涼地，惜福惜緣。人類文化之交流者，以教育互動之心靈開拓，啟內外心智之活用，為首要之職。深水觀音禪寺的功能，以各種面貌，祈禱歲月美善，培養多些虔誠莊嚴具使命感的觀音人。

放下，放下了，染淨善惡兩不見，活其生機。

知音只向絕音處參思，禪思松細風輕動春光，春光照，妙蓮香裏藏身。影著蓮、想著佛法樞機，學佛者，怎可只在身心妄想影子裏作活計，心體如鏡，妄想攀緣影子。無妄想情慮，即此一念，本自無生。向上一著，將眼前一切執情知解，盡情地脫去；現前種種境界，都是幻妄不實，唯是真心中所現影子。端的只在一念上徹見自心，一眼看透，自心妄想情慮，習氣煩惱愛根種子，都是虛幻的。

如此深觀，即深契《華嚴經》「若人欲了知，三世一切佛，應觀法界性，一切唯心造」。「三界唯心，萬法唯識」。

走筆至此已是後夜孤鐘散曙。至床沿端坐，凝心攝念「佛種從緣起」。細參思「世

曉雲導師禪畫《慈母手中線》（華梵大學文物館提供）

界光如水月，身心皎若琉璃；但見冰消澗底，不知春上花枝。門外青山朵朵，窗前黃葉蕭蕭；獨坐了無言說，回看妄想全消。」感恩。內力寂然，止觀之繫緣法界，一念法界，實依信仰力而得穩其心智，泰定持平於內中，似日日黃昏見禪寺「百鳥歸巢」矣。心中語中庸之「放之則彌六合，卷之則退藏於密。其味無窮，皆實學也。」實感醒悟，「止」「觀」於己心中所行門，如鳥之雙翼，玄意幽微深遠，「法性寂然名止，寂而常照名觀……淨慧由淨禪，淨禪由淨戒……發菩提心即是觀，邪僻心息即是止」摩訶止觀。

邪僻心息即是止，參思得句。「實心繫實境，實緣次第生，實實迭相注，自然入實理。」

幾年前母親師父病在旦危夕，望而生畏，因畏而凝心攝念持心經，觀經文而生義。心中得句：

「色是妙境空妙心，色空不二妙心鏡。」

迴向我們老師父「願消三障諸煩惱，願得智慧真明了；普願災障悉消除，世世常行菩薩道。」

不識字的師公具有驚豔的藝術情操，有模有樣地彈奏南宋古琴，表達了師公的她的心音心跡心話

開山祖師開良法師於高雄龍泉寺受三壇大戒羯磨和尚煮雲長老、得戒和尚隆道老和尚、教授及開堂和尚淨心長老出堂合影（上，1980）。開山祖師開良法師與剃度恩師隆道老和尚於舊大殿（現在的祖堂）合影（下）

白樹村觀音堂

開山祖師開良法師生日，現任住持悟觀法呈送生日祝壽讚誦文及一尊玉觀音祝壽師公菩提淨明靜如玉一般淨潔（上，1994）。開山祖師開良法師主持明靜布薩會始業式致詞（下，1994）

開山祖師開良法師、性賢法師及現任住持悟觀法師帶領大眾於法華法會祈福（上，1994）。開山祖師開良法師主持釋迦佛追思晚會（下，1994）

開山祖師開良法師偕同現任住持悟觀法師於大陸參訪寧波天童寺覺磐石（隕石）

誦《心經》可消三障煩惱，「心無罣礙」一句為破報障之用。「無罣礙故，無有恐怖。」此一句業障蠲除矣。「遠離顛倒夢想」一句以由「無所得」故，則「開佛知見」，得遠離此娑婆世界之顛倒夢想，即大夢覺矣！醒覺於「滅」只是生命過程、不是結果，它只是暫時化作春泥、塵埃、風雲，再續下一個生命的啟動。

當下見師狀態乃吾眼根之敬性見，此之因緣和合，吾之心弦撥發了傾聽了，無聲之聲。聞見無聲之聲，即聽得見心之空寂，心中湧現：色是妙境空妙心，色空不二妙心鏡。之句。

留白了，觀聞得生命脈動，流通心耳；觀聞得，自他之極，吾等眾生靈魂的呢喃。

前言——以一味雨，潤於人華

一雲所雨，稱其種性而得生長華菓敷實。雖一地所生，一雨所潤，而諸草木，各有差別。……如彼大雲，雨於一切卉木叢林及諸藥草，如其種性，具足蒙潤，各得生長。……我雨法雨，充滿世間，一味之法，隨力修行。如彼叢林，藥草諸樹，隨其大小，漸增茂好。……如是迦葉！佛所說法，譬如大雲，以一味雨，潤於人華，各得成實。（《法華經》藥草喻品）

止觀研心，研究洞徹自己，止觀行人時時刻刻寂寞而內斂；我自然要敬信一種心靈開拓的力量，內明時刻照臨，而得機。本書第二輯是執筆隨記那母親師父隱約走過的生命痕跡，隨憶所及，驀然回首一些概略的影像，印在深心菩提影現中，字裏行間隱約提撕深純底靜裏乾坤。

「常年一個主人公，刻刻提撕莫放空，等閒摸著眉毛角，元來鼻孔也相逢。」（《虛雲和尚法匯》）。根源本固自由人，方寸中自有乾坤，這種生命的氣魄是如何涵融灑落，所謂「皓月當胸意自融……月到禪心五蘊空」。人生的意味深邃幽遠，卻又如何道破。我們每一個人，如同一艘孤舟漂浮於茫茫大海，禪是一顆定心劑。

洞察近代僧家，親切的佛學佛法實踐行的視角來說，虛雲老和尚親切的定慧之門，心穩而泰定的神韻，定然默玄慧境界的足跡，老人淨行內自證，在我的思惟修裏，慧心慧眼智力的簡擇，是簡單扼要的只有幾個單純的符號，如焰如光影。而最讓我欽佩恭敬的學問僧人是《妙雲集》《華雨集》的著作者印順導師，讓我最敬信的教育僧是華梵大學創辦人曉雲恩師，也有《流光集叢書》著作。

於中讓我深感最該當與之懺悔的僧家，是我敬愛仰慕的家母開良師父，是象徵的消息，讓我合十感恩一種生機的鮮活，「不可思議」四字，結論那微妙又無法說明解釋的事實。母親師父是我夢遊娑婆所遇見的救星，如一夥閃光的明星，時而照亮心君，能讓我將此心還諸天地自然實際，一己之心志嚮往，有勇氣撲向人生無涯深淵，去探索契解心經所在處，喜無畏的內心反照中知道，這是從最寧靜淡泊的氣氛中，反射出來的途徑。

因為相處了五十三年，我親聞見母親師父一生悲智雙運與六根妙用之潛研，將身寄乎此娑婆世界之間，再將此生樂乎有限之歲月善用，得大自在大寧靜大慈悲，師父願嚐苦，煩惱生菩提，至建寺的收尾時期，苦樂交融而消溶，能大苦大樂，絕對待的超越時空生命，為建寺的佛法實踐行，闢出一條寬闊鮮活之路，契理契機事究竟，於母親師父來說，生死不外是連綿不竭底生生不息。

第二輯文字是藉著第一輯所談的佛種從緣起，根本般若禪思惟修的視角，來融貫生命實踐者的佛法傳播意義。母親師父一生所體現的一種猶如經世致用，菩薩精神原則的生命哲學。這樣的書寫不是因為研究學問而書寫而學佛，乃為真實而求真的思路，所結合對照，而寫下兩位長者的根本般若禪如來使的生命況味，生生不息的概念，呈現出，人的佛性種子本體性，的緣起性空，的能生性，的「唯佛與佛」奧秘深遠的法藏。

在《慈意妙大雲》序言寫了一段撩起無限的人生憶持，綿綿無盡的文字：更值得一提者，母親師父一面自己建寺，一面栽培方外女我，於蓮華學佛園親近恩師曉雲導師，之後至日本留學深造，因為、此緣緣之緣，母親師父發願自此護持恩師曉雲導師建校辦教育，歷歷示現佛法之不可思議，不可以言宣，於吾人之眼前。深水觀音人、緣緣之緣人，展讀《般若禪，如來使：心印曉雲導師、開良師父》，《弘願深如海》，《慈意妙大雲》三書，其能無感於深心，而思有所精進為宗教情操，佛教教育之中流砥柱乎！我雖未能於三書盡其心力而編寫，然而也總算出版了。唯一求得安慰的，就是未曾忘記止觀研心的精神，法華、華嚴遊心法界的思想研究，悟得法藏遍空心，決了觀心法的一條善解自救之路，妙意根。

我掏洗這些思想書寫之，幾回相憶幾回吟伴。原因是如同我在卷頭語〈凝心默照・流光如雲〉前段中所言的感恩之情。因為緣緣之緣，適逢華梵大學創校三十週年，深水觀音禪寺建寺四十五週年慶，善法因緣而編輯了《弘願深如海》《慈意妙大雲》，及書寫《般若禪，如來使：心印曉雲導師、開良師父》思懷兩位拓土長者，華梵大學創辦人曉雲導師的深奧智慧、般若禪心中心、深水觀音開山祖師開良師父的安忍不動、常不輕菩薩風骨緣深，作為己之一生秉持佛教根本精神之梗概撮要。於我來說，一位是佛法的啟蒙師；一位是身教的善導師，二位長者的年紀雖相差十八歲然其宗教情操，有著秉受如來使者的四弘誓願，之受職風骨，以慈修身善入佛慧；念念以大悲為首。

《釋禪波羅蜜》卷一，說明菩薩行人，何以須修「禪波羅蜜」，天台智者大師以「事究竟」正求菩提淨妙之法，詮釋之。菩薩因「禪、思惟修、功德叢林、到彼岸」能究竟眾事；即是，菩薩大悲為眾生，遍修一切事行滿足四弘誓願，因之，「禪」在菩薩心中，善識祕要，名波羅蜜，即是度無極。菩薩行人修禪之時，一心正住，一心在定中，能善知世間生滅之相，智慧勇發，如石中之泉湧出，如是之禪能生智慧、神通、慈悲喜捨等功德，是為功德叢林之意也。為此菩薩行人乘禪定般若船，以無相妙慧，從生死此岸，度脫三障煩惱中流至不生不滅涅槃彼岸。

智慧勇發，一直銘記於心，啟示我良多，以古為鑑的實際（真如法性）意義。定者靜默也，「思惟」是籌量之念，而「修」是專心研心之謂也，慧遠大師所謂「思專想寂」《念佛三昧詩》序中說：三昧者何，專思寂想之謂也。思專則志一不分，想寂則氣虛神朗，氣虛則智恬其照，神朗則無幽不徹。斯二者，是自然之玄符，會一而致用也。

寫至此思之，此刻在洗心室如同於洗心法堂。因之，禪定中靜慮，乘上益下，是思惟修的事究竟。如是當知行者一切智慧慈悲熏修之事，盡在禪中思惟之，修之，而成就。譬如牽衣一角，則眾處皆動，菩薩發心所為，正求菩提淨妙之法；菩提心具足一切如是諸佛法藏者，是為菩提淨明鏡。

除了此篇前言，餘文字幾乎是，準提菩薩聖誕紀念日三月十六日（四月八日）黃日西垂略寫於大雄寶殿。何以大雄寶殿書寫，原本誦著《觀世音菩薩普門品》至「觀世音淨聖」時，深深的觸動，是玄玄義的感覺。不如是中亦如是的覺受，但觀心源，頓然反觀內照，方寸乾坤，以靜觀動，攝動還靜。閉目觀照著「心念不空過，能滅諸有苦」，觸境照心其義了了；妙覺現前，窮照法界；法界月法界影智慧月，援筆寫了一種深沉之意象，藏在意境深邃幽微處。當我們一口氣不來時，我們都會存活鮮活於此話裏：「唯佛與佛，乃能究盡諸法實相」，是一種修行教道，生命歸宿的另一境界，落葉無聲，諸法平等，諸緣是幻。

書寫至第七項「生死齊平，菩提淨明鏡」，姪孫李宥陞幾次進入大殿來說，師公我們去看蝸牛在睡覺沒有。於是寫至「生死齊平，菩提淨明鏡」，停筆，帶著弟弟漫步在風大無夕陽的絕佳默契裏，我們歇腳在前殿八正道亭前的微笑彌勒菩薩處，時風吹竹葉簌簌地響，我問弟弟，竹葉撲撲簌簌的在訴說著什麼呀！弟弟回答說：「嗯！在講佛陀十大弟子的故事。」又說樹木口渴了，叫他們來澆水吧！是啊！竹葉時說邃古無生話，撲撲簌簌常說古意盎然的太古引，佛陀的十大弟子故事。

漫步歸來，也就沒言語能接上母親師父生命之雄中的生生不息，的一種力量和精神。母親的話，寶鈴千萬億風動出妙音；母親的生命呼吸法，香風吹萎花更雨新好者，母親的堪忍生命況味，生死齊平菩提淨明鏡；遊心法界建寺四十年，一念敬信之信念，一生為此而盡心盡力的，是從修學「菩提淨明鏡」中引發決定決了的。

智光影現心地的深水觀音山中行者，建寺修持無疲厭心，日日因建寺禪覺而起，進止威儀，恆常寂靜，遊步身輕利，不離大慈大悲觀世音菩薩足下；與菩薩同一法界性，長養一切善根。具足成就一切佛法於日常生活中，以智自在之力，隨順觀察緣起的樣態，而成就慧境界，的相貌。

事究竟的契理契機，「中道之法名為佛性，是故佛性常樂我淨。」（T12，523c）《大般涅槃經》這一句話轉化為善知識，如諸佛菩薩，用種種方便力，教告行者得見「中道」，以「己心中所行門」為己心之善知識，善觀十二因緣法。告訴菩薩行人說：生死本際，有無明與愛二種之輪轉，此二種之輪轉中間亦名中道，乃無明與愛二種煩惱中間，有生老病死之苦，是名中道，如是中道能破生死，故名為中。這樣的體解此中之義，《大般涅槃經》說：中道之法名為佛性，因之佛性是常樂我淨。以得見中道故，眾生即得常樂我淨。

這裏隱含著一個迴環相生的種子能生性；生死齊平菩提淨明鏡；《摩訶止觀》之

順逆二十心亦復如是。

「人」是天地之「心」，人性（五蘊、三毒）中含藏的佛性種子，於人來說意味著什麼？這問題千古都環繞著「人心、佛性」而展開。因為般若妙智是一法，佛說種種名，隨諸眾生類，為之立異字，若人得般若，戲論心皆滅，譬如日出時，朝露一時失。人是做為一切開啟的可能本源，同時也是人世間一切之所開啟者的歸依處。菩薩道，依此傳統之本源，究竟言之，無明即實性法性，菩提即無明，如是佛法的基調，十二因緣觀、三法印、四聖諦之道而已。

眾生以貪瞋癡為三毒，三毒之過能致生死，諸佛以戒定慧方便觀照而用治之，靈根之深密護空慧，如秋光溫一片之和氣吉祥。一切眾生因三毒不能見於十二因緣裏的法性真如，是故輪轉於生死愛癡。如是善解，自能了悟，佛陀於諸經中所說的：若有人觀見十二緣，即是觀見佛法；觀見十二因緣法之端的義者，即是見佛，佛者即是佛性。為何可以這麼說呢？一切諸佛以此為性之端的義，在善識十二因緣的秘要之藏。而所謂佛性者，即是一切諸佛阿耨多羅三藐三菩提，中道種子；法華經者會得「佛種從緣起」其中端的旨，之真實義，於中自能善解中道種子，之以中道正觀，以諸法實相，憐愍一切有情，自然起大悲心，而發四弘誓願，是弘願深如海者之行持。

近日恭誦《地藏菩薩本願經》感受著百善孝為先，感應之機。南無大願地藏王菩薩！植眾德本之福報，今日可依以為典範者。地藏菩薩，梵文：क्षितिगर्भ Kṣitigarbha。地藏菩薩消罪障真言、滅定業真言、碎地獄真言：唵 缽囉末鄰陀寧 娑婆訶。梵文：ॐ प्रमर्दने स्वाहा：Om, Pramardane, Svāhā！

一、高高山頂立，深深海底行，慈悲行者的啟示

藥山禪師之高高山頂立，深深海底行，而不驚群動眾。高高山頂立的智慧，洞徹世情的冷峻目光，深深海底行的慈悲願力，方是如來使於生之旅的足跡，吾謹記教訓。

夜如是淒切清冷在四月天，人間依然如是的寂寞，洗心室內，喝茶，普洱老茶不知年，謄寫今日於大雄寶殿動筆滋潤心地，求補闕的心境，下了標題「我的母親師父——契理契機事究竟」。

寧靜夜的時光，適度的孤獨，心最能釋放靈動，契悟自心的時刻，沉定得如坐禪之心境。生命，若有超於言語動作的感覺時，不假舉動和語言，而能直接地表達

己心中所蘊藏的覺受，這或許必須透過藝術創作來呈現，更或許必須經過「己心中所行門」的陶融、調和鼎鼐，乃能讓生命陶鑄融合，慧命開拓，能知自身及以他身，一切皆是智自在之境界。

父親圓寂於我十三歲那年冬天，起風的晨朝，讓我懂得了什麼是死亡，所帶來的痛；母親師父圓寂於我痛失恩師曉雲導師後的三年，也是冬天。

父親及恩師與母親師父的禪寂，一時間有好多好多時空，讓我翻了好幾頁的「生命的流轉是現象，不生不滅是本體」的覺受、體悟；融匯於近年之「唯佛與佛乃能究盡諸法實相」的領悟。

寫恩師寫父親，我時常提筆搖落生命的情懷。寫父親對子女的愛，自從初中以來，日記中無數次的寫下對父親的感覺。母親師父一直是我難以下筆成文的慈者長者，生命與生命交織出，最真誠最真實的覺受，我親切地直接的感受著，至親至愛的母親師父，快要一口氣不來時，那面容的氣息，淨潔無比、安詳寧靜、慈悲智慧的神韻，是母親師父最後啟示我，送給我臨別的禮物，如是機宜，真實不虛的照見五蘊空的靈動，當機「打開了我的心眼；或許是法眼、慧眼；打開了法華經者的妙意根」的感應道交，就因為轉瞬間我見著了母親師父的「本來面目，菩提心的慈容」。然而獨自思惟，我將孤露無復恃怙，自此而後常懷悲感，日日心遂漸漸醒悟，悲喜交懷，乃知師父一生行徑，如法藥色味香美，為眾生說法，知良藥即取服之者，三毒之煩惱病皆能痊癒。

師父的慈悲心伴隨著深水觀音禪寺的空間，遺留在這人世間，這麼說也不為過，我與自己說：原來看待生命，是要從生生世世這個根本的生命佛性種子本體，以及日日見面的情境現象的生命，來互動，來相安，來相依，來相生。與母親師父一同互動五十二年的歲月，傲慢笨拙的我、只見到生命現象的他，卻從未真實見過、生生世世接心佛菩薩性面容的慧命，之正法眼藏的生命。或許我平時的任性，老人家說不了我，最後還是沒有放棄對我的教導，與對深水觀音禪寺在社會功能的期望。

為什麼到了，他老人家要走了，我們都無路可退的地步，我一時才見著了生命的本體與現象，所謂久遠實成佛的意象；諸法實相之涅槃妙心；正法眼藏的佛之知見。母親啊母親！您最後深刻地烙印在我心深底處的容顏，竟如是如是的一念之決斷，您以自力之光，剎那馬如白雲浮的如風乘空而去了，烙印在寒潭的同時，深深地成永恆不變的憶持；無法寫也寫不了，那深深吸引我「慈意妙大雲」的愛，是對有緣人的大愛；那深深義的愧歉，是對您老人家無以名狀的敬愛，之因緣故。

愧疚虧欠，因為母親師父給的溫度太飽滿了，這些我倆種種對應關係裏的互動互寂的默照，所產生的內斂內裏乾坤的內力，母親師父希望我能成為佛教中，燃燒生命意義的法華經行者，所給予我溫暖的力量支持愛護呵護，我不寫出，來感動有緣人；讓它一直留在己心，生生世世真實的感動自己，他人故事無法真實撼動人心感動自己，這是如實反映，之法理法則，我們相知相守護，情存妙法；「生死齊平，菩提淨明鏡。」的文字，我如實呈現在目前，這是冥冥之中注定的機緣，這母女緣，在我未出生前，就已然存在的生命靈動現象。

這一生的學佛理念觀念，是佛法的啟蒙恩師曉雲導師的賜予；慈悲柔和忍辱善順之心的修養真言語，是母親師父的身教所善導賜予；淨心師父剃度恩澤；日本的村中祐生教授灌輸我摩訶止觀樞機精隨，以及多田孝正教授指導我學問學術的研究方法。時時心中總會浮現，自身日夜佛前跏趺坐身影，念佛細細觀照己心微細惑，之緣影。法華經者止觀禪，誠所謂「入道之樞機」，止觀與念佛是最平實之工夫。聽！我們內中心幕上，敲著聽不勝聽，看不勝看，的靜觀。莫忘內中之心靈生活，佛性智慧。一句彌陀，想寂思專；一句彌陀，就路還家。

一句彌陀。如鏡照鏡。宛轉互含。重疊交映。
一句彌陀。似空合空。了無痕縫。卻有西東。
一句彌陀。百千卷經。水中鹽味。色裏膠青。
一句彌陀。常寂滅相。時至華開。鶯啼柳上。
一句彌陀。是究竟道。下士聞之。呵呵大笑。
一句彌陀。殊非草草。救取丹霞。喚回趙老。
一句彌陀。萬古空平。當人面目。大地眾生。

一句彌陀。明珠走盤。看則有分。道即應難。

（徹悟禪師）

至言踏實，出苦要徑，不外戒定慧三無漏學。如小止觀二十五方便之「具緣」第一持戒之懺明淨，因戒生定力，因定發慧。藕益智旭大師梵室偶談：「因戒生定，定生而戒愈完；因定發慧，慧發而戒定愈勝，故名三無漏學也。」在日本研究《摩訶止觀》時，感覺似曾相識，尤其凡夫身息心三事轉入戒定慧三無漏學的觀息法，很是契機。

《摩訶止觀》的禪，是經藏禪，依據《法華經》經典，般若禪法是依據《心經》及《文殊說般若經》的「一行三昧」。「法界一相，繫緣法界，是名一行三昧。……欲入一行三昧，當先聞般若波羅蜜，如說修學，然後能入一行三昧。……文殊師利！我所說法，皆是一味離味，解脫味，寂滅味。若善男子、善女人，得是一行三昧者，其所演說，亦是一味離味，解脫味、寂滅味，隨順正法，無錯謬相。文殊師利！若菩薩摩訶薩得是一行三昧，皆悉滿足助道之法，速得阿耨多羅三藐三菩提。」（《文殊師利所說摩訶般若波羅蜜經》T8，731ab）

如是觀之，於最究竟的禪法境界都是相通在「唯佛與佛」，尤其禪、般若、法華之法要，是種下了非禪不智，非智不禪的「般若禪」種子薰習。

「禪非智無以窮其寂，智非禪無以深其照。然則禪智之要，照、寂之謂，其相濟也。照不離寂，寂不離照；感則俱遊，應必同趣。功玄於在用，交養於萬法。」（《達摩多羅禪經》卷上T15，300c）

少志學佛法，十九歲親近曉雲恩師，二十九歲志遠日本遊心法界，學習十一載歸國，被華梵大學創辦人曉雲恩師善用至今，於今住深水觀音禪寺山中，倏忽掠過四十五年。此生雖忽被業風吹入幻海，六十五年了，而此一念心是心的歸依，未離寒巖冰雪娑婆世界裏的念念中也，乃為此三書以紀之，幻化塵中不幻身，法華經者善用其心，萬象平沉心自照。

我在《慈意妙大雲》序言〈建寺四十五載話初衷——深水觀音風光〉寫出因為佛

法的體悟，於感恩之情的息攀緣悟無所得，寫了以下的文字：人生的緣遇之機，開始就話說了，生養陪育我們的父母，生養之恩；步上人人不同的旅途，人人因緣生法，會巧遇培養我們慧命者，何以說是慧命呢！《大乘入楞伽經》第四卷「貪愛名為母，無明則是父；識了於境界，此則名為佛。隨眠阿羅漢，蘊聚和合僧；斷彼無餘間，是名無間業。」說了眾生在輪迴中的，十二因緣，無明，痴愛、渴愛是身生的源頭；所以生而為人，須受慈悲的教化、智慧的善導。「般若佛母，禪行般若母，教誡禪行母，般若主照，照五蘊空，悟無所得」。

由於母親師父建寺功德，老人家的圓寂宛若「在風的手中去了」，讓佛子深深領略了，色身是人間父母所生，我們的法身慧命是由般若禪智而生，《心經》開示我們說：一切諸佛菩薩，乃依般若而遠離顛倒夢想。如是的滴滴般若甘露見灌，才不會讓自己覺得負債一生，我們被歲月栽培了，所以有了法雨的沾灑，然而對於歲月的無情殘酷，應懷抱感恩之心。我們在歲月痕跡的生死，似乎都如同《魯拜集》所說「來如流水，逝如風」。

母親師父留下深水觀音禪寺教化有緣人的責任於我；恩師曉雲導師留下華梵教育的如來家業給我們，這些我都必須要身體力行，慈悲柔和忍辱善順，鍥而不捨，精進在人世間的行門中。終於我還是選擇了寺院教化與社會教育，在禪寺居住已四十五個歲月，華梵、深水觀音大自然環境的使然，在置身華梵大學董事長的職位前後八個寒暑了，歷經三位校長，也歷經高教整個嚴峻的教育歷程，都歷歷在目，想著恩師創辦人籌創華梵的艱辛；恩師老人家一生來台後，執教於文化大學，創辦蓮華學佛園，華梵佛學研究所，進而義賣自己的畫籌創華梵大學，總總的一切，不過是為了要好好培育訓練，一代代人的內明智慧，啟發一代代人的慈悲心為宗旨，這些都是恩師華梵大學創辦人曉雲導師的職志與心願。我在日本留學遇到艱困時，會告訴自己說，道承法華經者、菩提淨明鏡之菩薩精神；志繼曉雲恩師教育職願；更願作為母親師父建寺領眾的受職者。

世界光如水月，身心皎若琉璃；但見冰消澗底，不知春上花枝。

門外青山朵朵，窗前黃葉蕭蕭；獨坐了無言說，回看妄想全消。

（憨山老人《夢遊集》X73，801c）

人生如寄、榮枯盛衰無常，禮佛研經止觀研心為寬解。在身擔華梵大學已八年董事長職的表象之下，我洞徹了人生無常感的癥結所在，回至母親師父想為我修行處所，而建造的深水觀音山中，圓通寶殿、洗心室、觀寂寮，迎風且吟，是靜坐禪坐、止觀研心絕佳的空間，將己心柔伏的平平貼貼，想想人生，其實也是平平貼貼，一味平常，在圓通寶殿淡然寬闊得淋漓盡致。

教育的問題永無止境，何況庚子年的人生不停在大轉在大變，甚至變的亂狂無方向。僧家教育工作者，豈無戚戚之感，早年珍惜晨間清氣薰花而早起怡然自得，喜愛月兒默默子夜眠的幽逸日子，自從母親師父圓寂後，已然飄向遠方，何暇閒情過日子，真是披了袈裟事更多。

二、師父說：這一生是為了庇蔭人而來此娑婆世界

這人世間總有一些因緣牽動人心。今年時值華梵大學創校三十週年，身為董事長的自己，想想要為學校創辦人做些什麼事來紀念，李天任校長希望我寫一本書，思惟著，就順理成章取義，智慧的般若禪行者；慈悲的法華經者，來思懷生命中的二位貴人；華梵大學創辦人曉雲恩師與我的母親師父、深水觀音禪寺開山祖師。

深水觀音禪寺是我母親師父（一九三一年生），在丙辰年（一九七六）始建，完成於丙子年（一九九六）。母親師父是一位傳奇人物，不為人知默默無聞的人，自兒童期成長以來，默默耕耘與付出生命代價的人，何以見得傳奇之處，我說傳奇，開襟傾倒，我對母親師父是熟悉到敬信中，卻是有陌生模糊焦點的情感、深恩，在母親

師父的生命區塊裏，有一處，隱藏的風景，優美區，我不知如何，名為之，悲智聚在一起的煙水，望不見，卻是生命開拓慧命的寶所，設計師；老人家常常跟我說：我這一生是為了庇蔭人而來的。啊！法界月法界影智慧月，這慧光境界，智力無畏的生命況味。

與母親師父互動的生活裏，其實我早已啟動了，生死齊平菩提淨明鏡的人生哲學，看著母親師父一生承佛威神力，諸如種種事蹟長大的自己，讀著《華嚴經》「法界品」善財童子五十三參的當下，我醒悟法華、華嚴的菩薩道，善安隱歸吾心君，映照正是母親師父建寺時，所行的以大悲為首，以忍辱為基，實踐生命勇健的智慧道場。

我說一色一香，無非心月孤圓究竟離言詮，的中道義；音色香等人世間視為無情，然止觀研心者，亦共許境智冥一，之中道實相義，實乃所緣所念之一色一香雖屬境，且說能緣以名「寂照止觀」；即念為繫、寂而常照，即繫為念、照而常寂；如是建寺時宛如一色一香之事項，師父視之為乃所緣之妙境。

於四十五歲始創深水觀音禪寺，建造之艱辛，非算數所知，亦非吾心力所能及，如是路程裏，三障四魔紛然競起，卻一一被發心建寺的念，一心正住止，誠師父安忍無著，規矩初心之功，建寺的工作自是她老人家的修行，熏修五陰重擔現前，是觀心法之初觀，師父視此為生死與菩薩學處，是增益身力、心進勇銳的歇腳處。於佛法信伏懷戀慕，不自惜身命，一心欲見佛，此渴仰之心，使意念質直柔軟。

這一生在多次的轉折點中，有如鳥在瓶、瓶破得出的境地裏翻轉，時時刻刻都要讓自己的處境，翻身立地，這如果不是性分中修禪的工夫，那將是無間斷地，修希向心，慕樂佛意，令莊嚴佛法端美的宗教情操，所使然的忍辱力，一心決定無畏修八正道。

母親師父的建寺，即是修行世界裏的歷境驗心。建寺的過程直視困頓，不給予自己生活貧瘠廉價的意義，也不會應付行事的逃避，師父知道一個人獨自地往這一條道路邁進，前方的路途將會是崎嶇艱難，雖然不知道何時會完成，但母親師父依然踏上這條出家就為建寺利益眾生的路。在她眼前即將出現多種挑戰的個案，這樣的建築領域世界，專業者或許沒能弄懂，不會認同，也不會理解，師父卻一往直前的走了進去，那一個寬廣的修行世界。如同台大張玉玲教授在我臉書的留言：

我也想念師父您的「母親師父」——我還記得她老人家親自帶著國際佛教善女人協會會長慧空法師、政大李玉珍教授，讓我們看寺院的建築，老人家說：她自己也不知為什麼，就是知道如何蓋，在腦海怎麼的設計出來，然後指示指導，講給自己請來的一團工人聽，要他們如何工作建造大雄寶殿，及兩邊的建築物空間規劃。聽著她講當年怎麼監工，怎麼過她的一天……聽得我們眼淚在眼眶裏打滾……然後，來到那有著從她心輪發射出一道彩虹，那張動人的照片前，聽了背後自己蓋寺院還捐贈錢給大陸天寧寺修建的故事後，就……再也停不住眼淚了……，諸如自己建寺缺錢、還捐錢給大陸四大名山修復道場，的種種故事真是歷歷在前。阿彌陀佛！感恩我也有幸遇見這樣一位，雖然不識字卻是真修時學的菩薩！感恩師父的「母親師父」！也感恩師父！

是啊！從界外人來提更能感人，情到深處無量壽光，母親師父這建寺辛酸的孤獨生命，我冥冥中意識著，卻也默默中擱淺著，放在無意識中，讓它寂天默地，直到他老人家不在了，常思懷作是念，若母在，我定效勞也讓他知道我其實感知她的辛勞萬千，那寶鈴千萬億風動出妙音的潛移默化。不任性的時常與她老人家，心心流連於法華山水之間，真如化城喻品寶鈴千萬億風動出妙音的互動。每每遇到困頓之事時，總是癡心想著，母若在必定為我紓困，慈愍救護我，然今母已然捨我遠行地去了！思至此自惟孤露，無復恃怙，常懷悲感，心遂醒悟，乃知母親師父之疼惜愛護，是我生活裏色香美味之法藥。

三、佛種從緣起

「佛種從緣起」，禮誦《妙法蓮華經》。一粒蓮子，長成一朵朵蓮華，一朵蓮華能生多少蓮子？佛性者，即是一切諸佛阿耨多羅三藐三菩提，中道種子；是淨業種子。受持佛法也一樣是漸生，一念所發的是淨業種子，這淨業種子慢慢長大，慧業漸長是「種子起現行」所使然。

母親師父建寺在「深水觀音山中」這塊地面上，種下教育福田種子，「種子」種下了，「種子起現行」，就是一條依着走的路，依著「佛性中道種子」，在如來藏思想體系中，從十二因緣，緣起論述中道佛性，中道佛性蘊含著無限多的佛法義理。端看天台以《大般涅槃經》為扶疏，緣起論義為中道佛性的法義內涵之一，《法華經》「佛種從緣起」的闡述，緣起等同佛性，佛性從緣起來。

《大般涅槃經》云：「善男子！眾生佛性亦二種因：一者正因，二者緣因。正因者謂諸眾生，緣因者謂六波羅蜜。」（T12，530c）我常如是思惟，眾生悉皆有心，凡有心者，定當得成阿耨多羅三藐三菩提；四弘誓願。以是義故，一切眾生悉有佛性種子，天台智者大師，所謂性具染淨性具善惡。佛種從緣起。此成佛之特性，稱為「正因佛性」，開佛知見之佛性中道，一條依着走的路，邁向成佛之道，端賴於止觀研心，念念止觀現前開佛知見，以性分之學彰顯佛性之義理，此為「緣因佛性」。菩薩行者需「正因」和「緣因」兩種兼備，方得顯發佛性，母親師父建寺之功，即是如是之佛性種子起現行之路。

智者大師的止觀行門，尤其《釋禪波羅蜜》（T46，495c）說明因緣觀中有三種善根發不同的文字裏，提到「三世十二緣」與「果報十二緣」及「一念十二緣」。讓菩薩行人於欲界未到定心中，了知三世過去，無明以來，不見我人無明等法，此是為「三世十二因緣觀慧善根發相」。至於「果報十二緣善根發」，引用《大集經》攬父母身分，以為己有，名為（命暖識、身息心）歌羅邏。歌羅邏時，名曰無明；因緣則有行識乃至老死之十二因緣，諦觀命暖識三事不實，無明等十二因緣諸法，竟何所依，如是觀之，歸心中道佛性種子之正道。再者「一念十二因緣善根發」，亦是於欲界未到靜定心中，忽然自覺剎那之心，無人無我，因為一念起時，必藉因緣，所言因緣，即具十二因緣，緣起中道無自性；一念豈有定實，心與正定相應，智慧開發猶如涌泉，身口意清淨。

如是等之文字提點止觀行者如來使，「佛種從緣起」之行門所在，善觀「佛性中道十二因緣種子」。

依天台止觀行門如是觀之，眾生的生命樣貌即是十二因緣的展現，十二因緣呈現出生命流轉和還滅門的樣態。有情眾生的生命樣貌即是十二因緣，十二因緣即是佛性，如是善識念之，則眾生皆具有佛性。十二因緣中道等同佛性：中道與緣起是同一法理法則。從十二緣起論闡述佛性中道種子，蘊含以中道論述佛性種子行門義之觀心法，觀無明觸受渴愛之緣起無自性。

母親師父發心建寺之緣起，觀看師父一口氣不來時（來如流水，去如風），我觀見了「十二因緣中道佛性種子」的實相義，呈現於母親師父「在風的手中逝去了」的容顏上，如是的大寧靜，大自在，大慈悲。母親師父發心建寺之功，代言了，「佛種從緣起」「佛性中道種子」論說的「一念十二因緣善根發」之真實義，於欲界未到靜定心中。緣起即中道即佛性。

如是如是的體解，於《妙法蓮華經》「佛種從緣起」一字一合掌，與持六字真言，是解除母親師父建寺之生命疲勞的，而且也證實了佛法是無生、老、病、死、苦的，母親師父從建寺因緣收攝五情根，意根淨盡。建寺作務過程中五情根作用歷歷在目，可以看得一清二楚，師父看得到自己的動作，看得到自己的態度語言，所以「佛種從緣起」的行門母親師父從五情眼、耳、鼻、舌、身收攝、意根寂靜開步起；若菩薩行人從「現行」生「種子」觀照起，然後再將佛性種子植入八識田中，再起現行，「現行」是由眼、耳、鼻、舌、身五情所生，而用當下現前一念心，來觀照緣起性空的義理，是最穩當的實踐行，也是最方便有跡可尋的意根淨盡方法。

母親師父建寺之功如是不可思議，這是我的親聞記，此刻也熏習著以禪悅法喜慧命為命為呼吸，為懺明淨，如是領解「禪是用種子含藏」的。無法如普賢觀云：端坐念實相是名第一懺。然而三障煩惱若不滅止觀不明，因之菩薩行人若察覺現起重罪，苦到懺悔則易除滅，因為罪從重緣（十二因緣）生、還從重心（中道佛性種子）懺悔。「禪是用種子含藏」，「種子」我們看不到，「現行」是由眼、耳、鼻、舌、身五情所生，我們觀看得到，所以「應對進退」也不苟且。

僧家，真正的福報，不是享人天福，是自己慧命增長的福報，是救護有緣眾生順利的福報。受持妙法蓮華經者，所願不虛，現世得福報。

也或許可以闡釋三般若：通透深達罪福相，結合文字般若，呈現觀照般若、實相般若。如是撥弄心音、播弄塵影，逝水年華的煙水隨筆。親情與佛法，是心音、是心跡、是心畫，乃人的生命慧命之流注啊！般若禪行者如來使！

憶持起江赫在我臉書留言說：「師父的攝影風格真的是很特殊，用畫面在說法。常常令觀者不自覺地平靜下來。」美國的 Chinyi Young 臉友也呼應江赫說：「同感！

悟觀上師的攝影有一股鎮定心神的法力……。」林中明二〇一八•八•十九留言：「花落香猶在，塵網不捨緣。LCM 敬題 釋悟觀大師 絕攝。」林思伶的留言：「我看到波與粒子。」周道也留言：「呵呵，波與粒子，量子干擾就在其中了。」我回答說：「福吉祥的您們，這樣的留言真好。攝影風格的獨特與攝影技術的好壞，是無關的。真好的歡喜參半，讓完全沒學過攝影的人，可以悠遊自在於光影變化裏。此乃天生的僧家被三位貴人熏陶的，大抵四時春最好，就中猶好是山家。」

所謂一切眾生悉有佛性，當知於眾生五蘊中之悉有佛性者，乃是修悟契理契機於十二因緣之中道實相觀。「無色眾生無色乃至無有老病，亦得名為具足十二。以定得故，故名眾生平等具有十二因緣。善男子！佛性亦爾，一切眾生定當得成阿耨多羅三藐三菩提故，是故我說一切眾生悉有佛性。」（《大般涅槃經》T12，525c）

頓時體解《華嚴經》淨行品第二十五願「入無生智，到無依處」。佛性如高峰突兀而立，雄偉挺拔，忽然在雲空，倏忽間又沒入煙霧之中，不見山頂，的無依仗處之境界，又是令人緬懷先賢古代高僧大德之境地，思及母親師父一生行持，剎時微微深覺孤寂，這覺受上的侘寂之靈妙，然而，無需補償此寂寂之心。《大般涅槃經》釋此佛性者即首楞嚴三昧，……首楞嚴三昧者，有五種名：一者首楞嚴三昧，二者般若波羅蜜，三者金剛三昧，四者師子吼三昧，五者佛性；隨其所作，處處得名。善男子！如一三昧得種種名，如禪名四禪，根名定根，力名定力，覺名定覺，正名正定。八大人覺名為定覺，首楞嚴定亦復如是。（T12，524c）所以《釋禪波羅蜜》引《大般涅槃經》，言法性佛性者，有五種名，亦名首楞嚴，亦名般若，亦名中道，亦名金剛三昧大涅槃，亦云禪波羅蜜，即是佛性。

滿足成就四弘誓願，須行菩薩道，菩薩道者初在住深禪定，方能眾生無邊誓願度，故先入金剛三昧，而佛法乃現在前。此事，菩薩日日如是深心思惟之事究竟，如是審知禪定智慧慈悲，能滿四弘誓願，是弘願深如海之行持。四弘誓願者：一未度者令度；亦云眾生無邊誓願度。二未解者令解；亦云煩惱無數誓願斷。三未安者令安；亦云法門無盡誓願知。四未得涅槃令得涅槃；亦云無上佛道誓願成。如是菩薩行者，善知四弘誓願之心，攝一切心；其神凝之，一切心亦即是一心，亦不得一心而具一切心。所謂一念心是心的歸依處，是名生死齊平菩提淨明鏡，是名清淨菩提之心，是名菩提淨妙之心，菩薩行者因此心生，而得名菩薩。綜觀吾師一生行持建寺之功，於我而言，吾視之為生死齊平菩提淨明鏡。發菩提心者何，即是慈悲憐愍一切眾生，於無量四聖諦，慈與眾生無量道滅之樂；悲救眾生無量苦集之苦，起無量四弘誓願。

我常如是思惟，眾生悉皆有心，凡有心者，定當得成阿耨多羅三藐三菩提佛性；四弘誓願。以是義故，一切眾生悉有佛性種子，天台智者大師，所謂性具染淨；性具善惡。佛種從緣起。

所以但觀一念心淨三業增福慧。「勝人者有力，自勝者強。」此刻的深水觀音山中，鐘聲雨聲鼓聲唱誦聲。光含內照，持此工夫，易將人間世事一一的看破，人情冷暖一一覷透，而虛懷處世。動靜調柔：動而常靜，雖惺惺而不亂想；靜而常動，雖寂寂而不昏沉。氣息隨心念而行，故心妄動則氣益剛強，隨之氣剛則心更好妄動。所謂調氣息安心，心志易堅。學習止觀工夫，先制其氣息不使躁動妄動以薰其心、柔伏其心，因之，制心一處不妄動以鼓氣，心靜而氣自調柔。思及師父的日常神情，他老人家一邊建寺，一邊修行，止觀研心，細微沉思，在自己的工夫去體會，動靜調柔心息相依，以靜定而入止觀工夫。老子的靜定工夫之方法，乃「致虛、極，守靜、篤」。「知人者智，自知者明。勝人者有力，自勝者強。」莊子說聖人虛懷處世，寂然不動，物來順應，用心如鏡、不將不迎，來去無所粘執蹤跡，身心兩忘。《法華經》所謂：身如淨明鏡悉見諸色相，此聖人之心跡也。心跡相忘是佛心宗，百川一味。母親師父持此工夫，易將人間世事一一的看破，人情冷暖一一覷透，而虛懷處世，慈悲柔和忍辱善順。

四、心懷戀慕，渴仰於佛，當種三德秘藏善根

母親師父一生專心持念六字大明咒，修習安住如幻如化忍，趣入成就安樂行品：身、口、意、誓願四安樂行；熏修植眾德本，之三德秘藏，之佛性，之常樂我淨。菩薩行人於日常生活之行持，為度化群萌，神化不思議，其內心中具足妙德藏，所謂契理契機三德祕藏之法。《大般涅槃經》所謂大涅槃所具之三德，即是法身德，般若德，解脫德。

法身德是以常住不滅之法性為身，為覺者（佛）之本體；般若德，從體（法身德）起悲智之用，為教化群萌從不生不滅常住真心的法性，變現出種種法門現象，都能如實覺了如是度生之法相，是為法相如實覺了之般若德；解脫德，在無量無邊的法相裏

得大自在，觀自在菩薩是也。如是深秘之理，藏在菩薩道（禪，止觀）身口意誓願四安樂的行持之內。

如是之禪定智慧慈悲的行持，母親師父簡約於，唵嘛呢叭彌吽，大悲咒，準提咒，的真言語。它們具足智慧，福德二種莊嚴，「見佛性故，諸結煩惱所不能繫，解脫生死，得大涅槃。」（T12，531b）若有菩薩行人具足此二莊嚴者，則知佛性。《大般涅槃經》云：「善男子！眾生佛性亦二種因：一者正因，二者緣因。正因者謂諸眾生，緣因者謂六波羅蜜。」（T12，530c）

想想母親師父自從在老家「觀音堂」，歸依高雄鼓山區萬壽山龍泉寺住持隆道和尚，出家修行以來，即以菩薩慈悲大法為己任，而修「緣因」六波羅蜜。師父有感當時僧眾，未備研修佛法之心，又自己不識字，因為日日在「淨覺之聲」廣播電台，聽聞光德寺淨心師父講經說法，「淨覺之聲」廣播電台是淨心師父藉由弘揚佛法的媒介所開創的。

母親師父實深感佛法博大精深，於是夜以繼日，精進不已的受持大悲咒，欲己心開智慧，又可濟群萌於苦痛之中。因為道心信心堅固，持咒護生遂豁然開朗，發願日後只要一有因緣一定護持，專門從事於佛教教育事業者。

真是因緣不可思議，在「觀音堂」救濟護持老人、有緣人，所累積的福德善根福報，終於在一日的因緣法裏，成就了師父購買現今深水觀音禪寺土地的善法因緣。民國六十四年，欲往旗山覓尋可以靜修弘教的土地，路經燕巢深水，見狀似普陀山峰林的處所閑曠秀麗，心想正是修行的好處所，於是詢問當地居民，等等種種事蹟我編寫於《弘願深如海》一書內。

民國六十五年母親師父即定居於此，建造深水觀音禪寺，這一定心中修四悉檀感應道交的道場，師父領一般信眾清修念佛打觀音七，走上「自我一己獨特」的弘法濟生、「自己流」建寺護生之旅。母親師父一面建寺，一面與監院性賢法師領眾清修念佛、打觀音七，感動了住在埔里建寺的心觀法師，民國七十八年心觀法師主動前來深水觀音禪寺幫忙監院賢師父領眾打觀音七，母親師父因此也幫助心觀法師建寺的一些金融等等類似的種種事跡自是非本書撰寫之重點，然而，值得一提的是民國七十年起至九十四年，建構了對大陸寺院整修重建，資助了四大名山的整建，及資助天台山國清寺等等的需求，以及峨眉山普賢道場的佛學院建造，等等令人感佩的事蹟，歷歷在目。

母親師父如是這般四無量心的行持布施與建寺，也可說是師父淨修慈悲喜捨，四攝資助了，自己的建寺功德。

母親師父住持深水觀音禪寺念佛七的道風日盛，由於母親師父慈悲濟世德行感召，各方名僧高僧、信眾、一般民眾、教育界、政治界、文藝界雅士都不期而至，可見師用功修行之力用，在開山建寺當時的影響是何等的巨大，建寺的金融也就無需在外頭勸募了，所以師父才有可能自己設計構圖，講解給工頭知其所以然的設計境教功能。

種種的親見聞，吾如是思、如是解、如是觀見母親師父的一生，宛如《華嚴經》入法界品善財童子為求菩提心的，心月孤圓究竟離言詮，之親參五十三位善知識的過程。及十迴向品之菩薩摩訶薩施藏，描寫菩薩求菩提正法，以身具受無量苦惱；為求法故投身火坑；捨身施與一切眾生謙下離慢；菩薩見佛出興普告眾生捨我慢戲論。

入法界品學佛者應該要細細的讀，味其道心、菩提心之玄玄義。心身底處方能明白一番，自修自精進也才有下手處。如此，豈獨參禪持經能了生死，而建寺工作作務不能了生死乎！工作的修行，與人和氣，誠心正其意，或許它等同於觀息攝念之功。一日我供養母親師父一則智者大師修行的法喜法樂，我分享佛說三界法，唯是一心作。念念轉變，天台智者大師悟入法華三昧，觀見靈山一會，儼然未散如是，則內外護持之人，具足恒沙功德不可思議矣。佛為此法，劫劫生生，捨此身命。菩薩行人即能捨此一生，成就大法益。今生縱然不能了生脫死，即仗法益為舟航，四弘誓願力以持之。於生死海中，亦必終有到彼岸時。母親師父從此發起大忍力，大精進力，修行智者大師開悟語：「是真精進者是名真法供養如來」，以成普賢菩薩禪定之大願行。

我記憶深刻的是母親師父能背誦《佛說阿彌陀經》，藕益大師對這部經典的定位是義理非常深廣，藕益大師判釋說這部經，它是《華嚴經》……，《華嚴經》是眾經之王，一切經是他的眷屬。但《阿彌陀經》具足著《華嚴》的奧藏，奧妙的寶藏；《法華經》是成佛的純圓獨妙之妙典，《法華經》它的秘髓，成佛的秘髓都在《阿彌陀經》裏面。大師又讚嘆云：唯持名一法，收機最廣，下手最易。故釋迦佛，無問自說，特向大智舍利弗拈出，可謂方便中第一方便，了義中無上了義，圓頓中最極圓頓。故云：清珠投于濁水，濁水不得不清；佛號投於亂心，亂心不得不佛也。是知一念信心念佛，即法華經之開佛知見，一切日用云為，明明了知，皆從自心流出；從金剛心地建立。

菩薩行人果能了知此《阿彌陀經》法門，更能將一聲阿彌陀佛，念念不忘，心心不昧，念至動靜調柔，寤寐如一，抱佛而眠，則現前步步皆踏淨土，寶地經行，即此身心，是知勇猛精進與行者的關係至為切要。我見母親師父讀誦《阿彌陀經》不是只當安心法，讀幾句收攝身心而已。雖不同識字人循經所觀見的五重玄義，然則我見母親師父，每每讀《阿彌陀經》之後，身心運作總是極其柔和善順。

親聞親見母親師父，將「唵嘛呢叭彌吽」憶持在吸和呼之間隙，遊心**oṃ maṇi padme hūṃ**真言語，我觀見寂然閑居的師父，如觀音菩薩智自在慧境界的法界歡喜之容貌，眾生歡喜，佛歡喜，菩薩歡喜。是靜心之味，怡情養性安樂行，使生活更喜樂鮮活，母親師父為建寺「養」身心，何其寬廣，由布施、持戒、忍辱、精進波羅蜜修悟，感知世間一切如光影門頭。真是且道一句，如何是「新鮮活妙人」，師父日日建寺的生活畢竟會有困境，都在考驗師父剎那生滅的念頭，呼吸間的生死關頭，這樣的建寺生命過程，師父如何與太陽昇落，流光逝水，同在。為修禪故，身心不動，關閉六情，惡無從入，名大持戒。

在師父持六字真言語的面容，我觀見了悲喜交懷，「禪」是菩提心的真實義，那是持續佛法于己心中所行法門之樞紐。讓人更深信禪定乃六度波羅蜜之核心，當然，若無前四度受持之篤實踐履，尚是知解之徒，只知佛語，未契入佛心。

因之，師父持六字真言語裏頭，且看動靜是如何，自己能做的，想要做的，必須要做的是什麼，其動力在於精進培養建寺道心，使生活有一種熱忱、熱力，方有餘力，恆心精進莊嚴的六度波羅蜜，行持建寺之功。

憶持起在觀音堂老家，每晚幾乎可見師父，坐中數息持大悲咒，身體自然正直的身影，自己多年止觀研心後方知，此身影為「粗住心與細住心，前後中間，必有持身法。」

坐中，身體端正，心念收攝一處，覺心念，泯然澄靜，細心安隱，心念專注於所緣境而不散亂，名為「粗住」。心念泯然轉細，更寂靜，名為「細住」。粗住心與細住心之，前後中間，必有個持身法。持身法生起時，身體自然正直，不會覺得疲勞，好像有一層薄紗似的力量，扶助著身體。感輕安安住真言法性，覓之了不可得，而不可言其無智自在慧境界所具造之境，而亦不可言其有。此乃契裏契機「唵嘛呢叭彌吽」，離六字真言文字相與一切緣慮分別，離一切相，即一切法，定法持身，故無相，無不相，泯然無想滅受想心眼開明，觀見深妙法，真言而靜照身息心；心隨息任運出入真言語忽然湛心。

窮玄極寂，尊號如來，體神合變，應不以方。故令入斯定者，昧然忘知，即所緣以成鑒，鑒明則內照交映，而萬象生焉。於是睹夫淵凝虛鏡之體，則悟靈相湛一，清明自然。察夫玄音以叩心聽，則塵累每消，滯情融朗。非天下之至妙，孰能與於

此哉？（慧遠大師《念佛三昧詩集序》）

力行以持六字大明咒為修行之要徑宗旨，體悟觀世音菩薩修行度生之樞機，龍樹菩薩《往生禮讚偈一卷》曰：「觀音頂戴冠中住，種種妙相寶莊嚴，能伏外道魔憍慢，故我頂禮彌陀尊。」是以母親師父信願持六字大明咒之觀悟，而為萬行之綱領也。

力行以持六字大明咒之深淺，斷疑生信，以慈悲行善導建寺之四弘誓願，想想，以蓮華喻華果同時，故妙法蓮華經；中道之實相為法華經所詮釋之妙體，故稱實相為體。以此，就路還家，復本心性，理圓詞妙，深契時機，「敦倫盡分」，師父以信願持名持咒為修行之宗要。我三年前地今日初夜默誦《入不思議解脫境界普賢行願品》觀照「無心計念此與彼，我為誰說誰不說」。今晨又續寫了一段，放下筆，行香大殿迴廊籬邊花下，嗅覺茉莉花香，是聞！不是聞！是自己性分中之芬芳，止觀研心，如鏡被磨，萬像自現。

五、因緣法、緣生法，法如法爾，法住法界的開示悟入

想想三本書的同時出版，亦是一大事緣而書寫編寫，《弘願深如海》，是許悔之社長與我討論書名，他聽完了一則我老師父救護瀕死老人的感人故事，思惟片刻，用了普門品的感覺，而定名「弘願深如海」。及另一本《慈意妙大雲》書名是李天任校長給的意見，結合本書《般若禪，如來使：心印曉雲導師、開良師父》。萬象平沉心自照，一念心是心的歸依；般若禪，如來使。

母親師父從小一生奉行生命的自由，生活的堅忍，使得他的生活中充滿感人的故事。師父是有慈悲智慧忍辱故事的人，是弘願深如海的慈悲行者的慧命開拓者，這是從出家眾的視角，來看待這樣一位菩薩行深慈悲力量的般若智者；身為女兒的角色

扮演上，我實在難以描繪，這位不識字，卻是大智大悲救苦救難的母親，救護過無數急需救援的無助者，於我來說，是位「弘願深如海」的行者。

這樣的憶持，照亮了心田，十三年前母親師父他老人家一口氣不來了，那一瞬間，腦筋浮現的是，我的傳承者是誰！在哪兒呢！好複雜又清晰的影像畫面現前於心海，如是莫名的感覺，互映互生光，當是步轉身輕，好思想之足音，前程有寶所。

啊！法如法爾，法住法界的開示悟入。如是如是語絲，我知道，我知道的……四弘誓願學習的重擔，是說不清楚的人類最根本問題的訊息。安置母親師父牌位的轉瞬間，掠過剎那與永恆的生命靈動，生命中第一次感到畏死，對於這樣滿滿的罣礙恐怖顛倒夢想，我告訴自己「持而盈之，不如其已」，對於人生在世的最後一個終點，是必須「功成身退，天之道也。」於是我天天念四弘誓願，天天念著，日日思懷著，就這樣的，紀念華梵大學創辦三十週年，深水觀音禪寺建寺四十五載話初衷的機緣，讓我寫出些許，母親師父不在身邊照顧後，的自己，必須翻身立地，身擔華梵大學；耽心深水觀音禪寺，一定要「以無所得故，遠離顛倒夢想」究竟至清涼地歇腳，賞景福慧吉祥；心月孤圓究竟離言詮。

母親師父圓寂兩年多的時間，常常被傷痛憂愁，喚醒在半夜，下意識冥冥中知道，醒來壅塞在胸次的是一種不真實的絕望，也就有時索性端坐起，默默的流著淚水，問自己您真的很傷心嗎？！傷痛什麼呢？！為何會如是的悲痛？！幾經多次的叩問，一日，一時間內心的通明靈活了，啊！純是多年止觀研心的一種工夫功力。

人為何會有這種失去至親傷痛的強烈心識，某部分感情是熱誠情愫，這熱誠的作用力，有時可以持久，會轉成有韻律而深沉的行為模式，一半是善念的柔順的精神表現，一半或許似乎是，為自己生在這人世間，無奈的人際關係產生的意念。突然間真實的鮮活感知，人都要變老，我忽然意識到母親師父圓寂的前三年，逐漸把自己的意見想法縮小，使自己渺小的存在與人的對話裏，不那麼堅持自己的看法想法，原來那是師父已然逐漸覺悟，自己漸漸邁進死亡境地不遠，而使自己渺小，啊！可是心力卻如是的日日碩大。

也終於明白洞見，人活到一個程度，任誰，都有生命苦處的破洞，天荒地老的悔恨，說悔恨，是恨不得生命重來過，悔過那沒來得及的事實體認，生命明明是有侷限性的，而硬是要闖闖試試看，的浪費許多精力體力，不知臣服接受和默然。不懂得將缺憾遺憾還諸天地，天地間的確事實上有些狀態不歸我們所擁有。

此刻執筆運思「所謂無不從此法界流；究竟還歸此法界也。」薪盡火滅，迹泯情忘，脫然無繫也。與母親師父之緣如幻；母親師父自照照人之事蹟亦如幻；不識字的應機法語：「正知得到正覺，不可迷信迷迷不悟」的開示也如幻；禪寂圓寂這樣的示現亦如幻也。而母親師父的法身慧命常住世間，深植有緣人的心中。

六、如天河之不息，似孤月，以常輪古今如是

人生聚沫，壽歲如風。我與母親師父的生生之緣，「如天河之不息似孤月，以常輪古今如是。」

但願益眾生，以此莊嚴心……言說及默然，見者咸欣樂……尊重善知識，樂見離惡人，其心不躁動，先思後作業。

（《華嚴經》入法界品）

一直以來對「觀世音淨聖」有深深的觸動，是玄玄義的感覺，「心念不空過，能

滅諸有苦」，獨行獨坐任念起，非凡非聖，醒醒然的獨覺。是的，母親師父給我兩層意義的思懷，一個是我的母親；一個是我的母親師父。我們倆之中綻放光芒，互映互生光，是複雜中濃稠秘妙的生命故事。

生死事大，生死事小，古大德，釋迦文佛對生死的洞見，資料中處處可見，唯己之至親至愛的母親師父之生死關頭，卻觀見了己之生命的日常性，那一剎那，我窺見生命端倪，生命的一大秘妙，法華經者如來使的秘要之藏，那從未見過的，深藏不露於生命體的慈容，慈意妙大雲。

生死事大，生死事小！啊！歛念！佛法二字，幾多人曉了，此刻子時三更走筆至此，月到窗前之思，「本來無一物」是般若遣蕩之「畢竟空」；「唯有四悉檀」是止觀建立之「菩薩道」。

佛夜睹明星，悟一切眾生皆有佛性，楞嚴經說，客塵雖動，見性不動。物象事相是對待義，佛夜睹明星，明心見性，悟「見大」是絕待義，之平等一如的本覺自性；以超倫絕待之「平等性智」，照徹不齊之大小方圓參差的現象，則不齊而等觀，而平等。

「佛自住大乘，如其所得法，定慧力莊嚴，以此度眾生。自證無上道，大乘平等法。……故佛於十方，而獨無所畏。我以相嚴身，光明照世間。無量眾所尊，為說實相印。」這是《法華經》方便品在重頌文中，明示「平等、獨立、無畏」的法華經者之菩薩精神所在。

平等者平等大慧之妙法，亦是指向妙法之不思議心；平等之無分別境智；境智心，一而二，二而一，能顯不可思議之妙心智，法華經七卷靈文皆為平等而說。是人人皆能獨自尊貴於平等的法身慧命上，不為五蘊五濁所惑而具無畏精神，生命之無窮、心願之無邊，在此平等獨立無畏精神中互融互映。這是失去母親師父後，研讀經文之思惟，以慰心君。

石屋禪師所謂，「道人一種平懷處，月在青天影在波」，平懷觀聞物象事相，自是平等觀；有事心波影，無風水自靜，如是平等心法之妙，事到定中消息靜，妄情自是靜中消，建立了獨立無畏之精神。如是觀之，我們於心境的「理具（第一義悉檀）

與事造（世界悉檀、各各為人悉檀、對治悉檀）」，融貫了，法身慧命於生命之中，化通在，生活上而活用六根，就是獨立無畏自尊自貴的生命寫照。吾人一向執事物以為是心境所生，而不知了然，因事相搖動而生起之幻象，迷惑於能知能覺所知所覺的對待義裏，本知本覺是無生滅之動相，是絕待義之平等觀。本覺寂然，見性如是，心不執於法，「不執之心」亦不執，當是明心之境，亦是金剛經的「應無所住而生其心」；「而生其心」是明了平等之心，見性，即了無可執之性。

萬古長空，總是一朝風月，而一朝風月，亦只在萬古長空的空間裏，不即亦不離，雖不離亦不即。要我們把握現在，體悟當前，別錯過宇宙人生中每一事，每一物，「日日是好日，處處開蓮華」。生命如是，佛法如是，一念心是心的歸依，亦復如是。天衣義懷禪師所謂「雁過長空，影沉寒水」，是一種明心「照」境，「應無所住而生其心」，是也。吾人心中若遇風浪，會失去水清瑩淨的境界，反之心思寧靜，自然觸事契理，心如明鏡。心經能除一切苦真實不虛，是行為的實踐是由心中之誠透發出來的信念。念頭於行住坐臥中如影隨行，念佛於凝心攝念觀照，所謂「數息」，止觀還淨都不說端的全神在「隨息」，我們的念在那兒，我們的業的輪轉就在那兒（十法界）。

凡是人，都有機緣轉凡情為智人。諦觀現前一念心，念與念之間，佛影，就在那兒。法界月，法界影，智慧月。

佛法一字句如寶珠，故云「經珠」妙法如蓮華，葉葉片片如法妙，故云「秘要之藏」；藏著，初心法性。極微細幽微深邃。那兒有佛性菩薩性。

想想法華經之一大事因緣，如何了生死，如何生西極樂，針對在「死」一個念頭。所謂人誰無死，「死」是必然的道理。但必須善生，才能了死。般若禪如來使者方寸中有立足地，佛種從緣起，對生死的問題勇敢的為菩薩精神而犧牲，佛法的四種道理，有如淵海浩浩蕩蕩，深入經藏禪智慧如法海。

「佛世尊善知法相，得如實智慧，滅煩惱盛火，出熾然之宅，乘諸波羅蜜船，度無量苦海。以本願大悲力，故不捨眾生，為諸修行，說未曾有法，度諸未度，令得安隱，謂二甘露門。各有二道：一、方便道，二曰、勝道。清淨具足，甚深微妙，能令一切諸修行者出三退法，遠離住縛，增益升進，成就決定，盡生死苦，究竟解脫，兼除眾生久遠癡冥。」

「佛滅度後，尊者大迦葉、尊者阿難、尊者末田地、尊者舍那婆斯、尊者優波崛、尊者婆須蜜、尊者僧伽羅叉、尊者達摩多羅，乃至尊者不若蜜多羅，諸持法者，以此慧燈，次第傳授，我今如其所聞而說是義。」

「我今如所聞，演說修行地，方便勝究竟，如其修所生。修行於善法，先當知四種：退減住升進，決定諸功德。修行退減時，令住法不生，亦不能升進，是今當略說。先當起等意，習行慈心觀，須臾止瞋恚，令暫息不行。煩惱暫止息，次當淨尸羅，尸羅既清淨，三昧於中起。三昧已修起，觀察應不應？善知應不應，修向所應作。既向所應作，專念繫心處，已能樂彼處，正觀依風相。正觀依風時，其心猶馳亂，止心在入息（安般者二種：一見，二觸鈍根不見），如繫調御馬。心既止入息，思惟正憶念，冷暖與輕重，柔軟麁 滑。修行諦覺知，隨順善調適。」（《達摩多羅禪經》卷上T15，301c）

深水觀音禪寺八正道亭之「八正道」義：

一、正見；聞見「苦集滅道」之理而明之，兩個原因兩個結果，以一心三觀之智慧為體。是八正道的主體。二、正思惟；聞見四諦之理，如是思惟，使真智增長也。以三諦圓融之心所為體。三、正語；以真智慧修口業，以順逆二十心，懺明淨之戒為體。四、正業；以真智慧除身心之一切不務正業，住於清靜之身業也。以無漏之戒為體。五、正命；清淨身口意三業，順諸法實相而活命，以無漏之戒為體。六、正精進；善巧發真正智慧而修轉化煩惱之道也。以無漏之勤行為體。七、正念；以真智慧憶念道，一念三千一心三觀。以無漏之淨念為體。八、正定；以真智慧入於禪定也，以止觀研心之定為體。

菩薩行人依八正道修行得無漏慧，心，戒，勤，念，定，行此八正道，雖從四聖諦入，而修戒定慧至涅槃境地，體解諸法實相之理體，於此不可說，乃為佛心印，「唯佛與佛」當得會旨，「是德藏菩薩於無漏實相，心已得通達。」（《法華經》序品）

當我默默凝神之際，觀照自轉法輪與人生歲月法輪，法輪常轉，「時間」與「力量」是主因和原素，這「力」是竭誠之心力；「時」，是必當時時，日日，月月，年年，歲歲，法輪常轉！人生聚沫，壽歲如風。是身無我成真我！是必須能轉，轉動的功能是朝著光明智慧的去向，菩提路趣向，直抵光明寬闊底「唯佛與佛乃能究盡諸法實相。日日要「從無量功德智慧生」，要「從如是無量清淨法，生如來身」。一個人從生至死，就是這樣自轉法輪，回頭轉腦。我們便不致像大海中之孤舟了。

七、生死齊平，菩提淨明鏡

南無息一切世間苦安慰音菩薩！南無息一切世間苦安慰音菩薩！南無息一切世間苦安慰音菩薩！《華嚴經》入法界品三十九之一。這樣的一句菩薩聖號，讀過，是參究大事之慈思訊息，一句菩薩聖號，可脫落縈繞於心底之慮事，萬里空寒，「觀世音淨聖」。八十一卷的《華嚴經》，著實豐碩吉祥，每年敬誦，都有不同的著眼點觸動心弦。今年深水觀音禪寺，建寺四十五載，年復年敬誦《大方廣佛華嚴經》，「佛觀世法如光影，入彼甚深幽奧處。」卷二，「若起大悲必定發於菩提之心」入法界品。憶持起有一年誦完《華嚴經》法界品第三十九之四，已是日落申時，步出大雄寶殿，見著桂花樹，承光接影連輝，遞相間發。

啊！承文殊師利菩薩威神力！智資定力，而深照的慧境界。智光影現心地的華嚴行者，修持無疲厭心，禪覺而起遊步身輕利，進止威儀，恆常寂靜，不離文殊師利菩薩足下；與菩薩同一法界性，長養一切善根，具足成就一切佛法於日常生活中，以智自在之力，隨順觀察緣起的樣態，而成就慧境界，的相貌。

兩位老人家的人生，重在契理，在人生佛教的意義上，「佛種從緣起」，則眾生可以證到諸法實相的方法，是教法，兼重契機，即是般若禪行持，及法華經者之佛所親證的甘露見灌之正法；是佛以所證之法，應機說教。

兩位長者的人生，佛教之目的及其功果，一個創立華梵大學的理念覺之教育，能使學子的人生，以通達一切無上之真理「轉識成智」、超凡入聖，除貪瞋癡三毒，成就戒定慧三無漏學。此為根據佛理發揮應機說教之人生佛教真義。學佛法者應對此有正確認識。一個建造深水觀音禪寺作為如來使實踐行的典故，生死齊平，菩提淨明鏡。

《大方廣佛華嚴經》明法品，舉十種「清淨願」：願我令一切眾生住於普賢菩薩行願，……願我深求一切佛法能「善自開解」。

善自開解的菩薩心如《華嚴經》偈：「菩薩清涼月，常遊畢竟空；眾生心垢淨，菩提月現前。」菩薩如同清淨月，掛於高空〈畢竟空上〉，眾生的心如寒潭的水，清淨無塵垢，自然菩提月光映現於中。

菩薩清涼月，遊於畢竟空；
眾生心水淨，菩提影現中。
（《澄心亭頌》黃庭堅）

佛法微妙難明，以蓮華喻之，何以蓮華喻之，乃因人人五蘊身心裏，藏有妙蓮華藏（菩薩藏性，佛種從緣起），蓮華喻是華果同時，這條生命川流的真實相貌，是豎窮三際橫遍十方，的一體一念心；因即具果，而果復含因。能悟此蓮華性，即得己心之妙法，故以妙法蓮華，感母親師父之生死齊平，菩提淨明鏡。

唯專心勤學止觀，觀一切眾生皆如佛想，於一生中得父母所生眼，悉見三千界。末世菩薩行人佛子法師，受持法華經，內有宿因佛性種子，外借佛法熏習，恒常一心勇猛精進，受持法華經，則會通經旨情忘，根塵兩淨，而成就六根清淨；六根互用之妙，畢竟發於秘要之藏的體性。若論互用之妙，則一根能作諸根用；一識能緣一切境；六根各各圓滿六千功德。

《妙法蓮華經》法師功德品明示：「父母所生眼，悉見三千界，……若持法華者，其身甚清淨，如彼淨琉璃，眾生皆喜見。又如淨明鏡，悉見諸色像，菩薩於淨身，皆見世所有，……雖未得無漏，法性之妙身，以清淨常體，一切於中現。」（T9，p47c）此段經文，提點佛子，禪最為切要，如得珠玉眾寶皆獲，如是體解之，發菩提心者，即是菩薩以止觀研心，以中道正觀，以諸法實相，憐愍一切有情，自然起大悲心，而發四弘誓願；弘願深如海之行持。在止與觀展轉相依相存中，成為現實生活中的一切行止。所以六根互用之妙，一切法無我，唯是相生之菩提心具足法藏者，是為菩提淨明鏡，之眾因緣和合的生命真實義。

體解修習如心之相，是為生死齊平，菩提淨明鏡的生命寫照。「唯佛與佛，乃能究盡諸法實相」之如息、如色、如心相。如心者即是初禪前方便定發也，亦即是未到地，然而法不孤證，發真正菩提心需由修習身息心三事起始。如何是修習觀息如心相，菩薩行人，於止觀研心熏修之際，從初善巧安心法性即觀於息色心三事無分別。天台止觀，觀三事者乃提點行人必須先攝心靜坐調和氣息，「一心」諦觀「息」想遍「身」出入，明覺息入出遍身，如空中風性無所有。若得輕安慧心明利，即覺息入無積聚、出無分散，來無所經由、去無所履涉。

如是得知，息依於身離身無息，應諦觀身色如此色本自不有，皆是過去世妄想因緣所招感的因緣，今世四大假名為身。菩薩行人一心諦觀四大亦各非實尚不自有，當爾之時心無分別即可達色如之相。

再者觀心如行者，修學佛法者當知由有心故，方有身色去來動轉，若無此心誰能分別色身，息色身因誰生，如是諦觀此心藉因緣而有，生滅迅速不見住處亦無相貌，但有名字，緣起無自性，名字亦空，當體即達心如行者。

由是可知身息心三法不相離故，身心亦爾，若不得身息心三事，即不得一切法。由此三事和合，能生一切陰入界眾苦煩惱，善惡行業往來五道流轉不息。如是若了三事無生，則一切諸法本來空寂，之寂滅相。

年年敬誦《華嚴經》對於如來出現品的「不念我今何所作，云何我作為誰作。」總是念茲在茲。有一年華嚴法會圓滿了，不可思議，我總會感覺似乎從華嚴世界的色彩，充滿信心和諧與完善的入法界品境況中，走出來人世間。怎麼說呢，母親師父是這樣的宗教情操，有一種思想精神，善導著華嚴經者如我的思緒，在生活中鮮活著。很欣喜深水觀音山中華嚴共修二十一天裏，我覺受到我們融入華嚴海會神奇的善根當中！菩薩悲智精神正在己心中開拓重生，因為這一間寺院的存在，對自己來說是一個欣喜之餘的覺受，感恩華嚴菩薩的法語開啟，感恩師父賜予的恩澤。

為何要修行誦經，悲憫自己更悲憫他人之無力自拔，細細感知察覺己心中的知見，我們會看到心念瞬間的轉變，成了己心想法的演講者，注意細聽我們的言詞，我們會看見心跡，言語它將成為自己的行動行為，如是之行為塑造了性格性情，我們會覺知發現自我的個性修養。今年每日誦完《華嚴經》，用一個小時，把自己放在清靜的境況，培育靈思，日日如是，仔細觀照身息心的動靜，思惟尋解當日敬誦過的經文，契合自己人格典範的「固定思考思惟模式」，佛人思惟。

日復日的，華嚴世界思考的基礎，就會在思惟「己心中所行門」大前提下，有新的思惟模式，華嚴思想創意，讀《華嚴經》是以佛菩薩的思考思惟方式、生活模式，作為生活行為的典範，是行者修行的一種最初步的訓練方法。

它通過自己的內在要素、過去的經驗、體驗、學習來的知識，與外在因素，在生活領域活用的知識、借鏡於經典或祖師大德的文化思想背景，中的知識及手法。在實踐這種初步訓練思考的方法時，最重要的是避免強調「自己的慣性」，結果卻把「經文範本」給疏忽了，我稱之為「菩提淨明鏡」的原有特徵。

所以視誦經祈福禮懺，是模仿人格典範的行動，不只是為了學習佛菩薩的思想精神，更是體解經文的原意來源及思想精神行動的「根據依據」、「價值意義」，它是修行者學習的初步重要關鍵。

總結來說，所謂依照著華嚴世界，模仿思考的「固定模式」，步驟就是先找到自己有感覺喜歡的幾品經文，來作為修行的範本，進而模仿學習其思想精神，最後自行加以「思惟修」，藉此創造自己對佛法思惟的獨特性。

親近華嚴經養心性，誦法界品時的自己深感活學活用，佛法是致用悲智教化，「不念我今何所作，云何我作為誰作。」如來出現品的教導，法界品開示了，生活的磨練活用經中智慧，發菩提心，誰是如來法子，從佛口生，由法化生，如是之情操，助力眾生觸其佛心光，悉同其佛法身色，之善法因緣。

一切佛法依慈悲，慈悲復依方便立；方便依智、智依慧，無礙慧身無所依。如來出現品的法味如是如是，華嚴明鏡磨了淨信；深深味覺體知憨山大師「青山容易入，白業不難修；獨有降心法，英雄讓一籌」的生命況味。

親近華嚴法味與自己相遇，胸懸寶鏡照乾坤。誦《華嚴經》與華嚴字母的當下，清澈影現己之性格與心深處的思緒習氣，隨字母之文，入觀，善財童子的五十三參善知識，這生命的歷境驗心，在喜樂心中，契之於如理修行，恆住止觀心意寂靜。啊！

「調伏己情，守護他意」吧！唯如是之以智前導身口意三業，方能敬誦思惟經文訖，起華嚴字母而隨信行迴向慧命，隨法行互寂互用，周旋動作裏，鏡淨諸像自現，華嚴法華止觀研心，觀念文殊共普賢菩薩「佛性戒」，豁然隨樂欲善巧安心止觀，觀念「如來能以一塵內，普現一切法界影像不思議」。

佛子此刻，記一段華嚴法會善根隨喜心境，年年華嚴字母梵唱定住寂靜。釋迦文佛於迦耶城菩提樹下夜睹明星成等正覺，初轉法輪，說《華嚴經》，是以華香莊嚴，嚴飾眾生種子，故華嚴教義說，如何「勤修善根」，如何「恆善觀察」，終於養成「住不放逸」，而「得十種清淨」。得清淨佛性種子，則薰習工夫漸漸變現，而起轉化，「轉識成智」，則見聞覺知自有一番，悟道明心的工夫，皆由「經藏」教義之助緣熏修而成就。經藏乃教育之程式。無非以道場空間從轉識成智，再進入三德祕藏（法身德、般若德、解脫德）之慧海中。

深水觀音山中，準提菩薩聖誕紀念日人定時分，明月孤懸，幾乎是一念不起，補記之。

八、結語——深水觀音禪寺「深入經藏禪，智慧如法海」的道場

大智風亦爾，滅諸菩薩惑；別有善巧風，令住如來地。
如有大經卷，量等三千界，在於一塵內，一切塵悉然。
有一聰慧人，淨眼悉明見，破塵出經卷，普饒益眾生。
佛智亦如是，遍在眾生心，妄想之所纏，不覺亦不知。
諸佛大慈悲，令其除妄想，如是乃出現，饒益諸菩薩。
（《華嚴經》如來出現品卷五十一）

母親師父一生事蹟，依佛學佛，腳步從淨行處踏上去，從四念處（觀身不淨、觀受是苦、觀心無常、觀法無我）行前，修習智慧，善自護念不放逸，淨身口意三業。如善財童子，南詢百城，親近參五十三大善知識，各授一種法門，到頭卻只落箇與法界虛空等，何曾有實法繫著，不見毗盧遮那，法身非身，至終而托化大行普賢願王菩薩之妙行為身；然而經旨宗用，普賢菩薩無行，但以眾生法菩提心之淨行為妙行。

如是之菩提所緣，緣苦眾生，若無眾生，則無菩提。若無「深入經藏禪，智慧如法海」的菩薩行人，則無深水觀音禪寺道場。如是觀之，領解母親師父建寺之用心，與之有緣者，豈能不善用其心修行乎；非死到底，不足以死中鮮活始得，觀念之；真真放捨身命，不為死生病患惡緣所障；日用一切處正念現前，不被幻化所惑，日用云為動靜如一，要在回機轉位；參須真參實學，悟須將心實悟。真參實悟之決了，必知妄想顛倒用事，吾人虛生浪死；於生死海中漂流，難到彼岸。劫劫生生，未曾一念真實，所謂業識茫茫，無本可依據，何況為佛子，身在七衣九衣袈裟之下，怎可於念念妄想業識流轉裏，流浪一生。修行如抽芽發枝幹，開花而結實，究竟不虛。如是可知發心修行，以佛種從緣起，成就菩提淨妙。

今生身居深水觀音山中，必發一片真實敬信之心，以此母親師父所建造空山寂寞道場之中，不求一段真實止觀研心之行，亦徒然耳。當以慧為命，想想世間人，病痛時哀呼母親，以母親為自心之良藥。吾人有情者，遇心苦，苦樂不能自釋時，適然念我師，因以慈母恩師道友慈力光，先入眾生心。是故念我師，必若子憶母，子母相憶時，無不相見者。此乃至人無形像，真慈悲無聲色，唯感應道交，以慧為命。

因之，若修止觀研心真實之行，即從體念建寺之苦心真實心中，發現其修行要領。因為母親師父是從真真實實為生死之心，而發心建造道場，故母親師父之三業的檢點，自是將從前有生以來，出家以來，至始至終一一細細思惟佛法之玄玄義而檢點來的。師父既然發出一片出世建道場之心，自能放下三毒妄想攀緣，將此身心奉塵剎，將此性命一齊拋卻。

吾也將發大誓願，止觀研心蘊在胸中，單單直以死生一念，內視兩眉之間，一念掛在眉毛上；日夜參究「唯佛與佛乃能究盡諸法實相」。善巧柔伏宿生習氣要義，誦經還須止而觀之，靜而明之。六妙門的起修法，重要持之以恆，首先培養「息相」，待「息緣」現前而念念知溫養，工夫教工夫，日久功深，柔伏驕慢心，宿生習氣。《六妙門》云「心住息緣。覺息虛微。心相漸細。」如是善用止觀觀心，《摩訶止觀》引《華嚴經》所謂，內慧明了，如破微塵出大千經卷。天台以法華為宗骨，故智者大師善用法華思想之精髓，著作宣講了《摩訶止觀》，名絕待止觀，亦名不思議止觀，亦名無生止觀，亦名一大事止觀。直指《法華經》之佛為一大事因緣出現於世，的宗要、力用，開導菩薩行人善調三事令託慧命聖胎。即所謂調凡夫身息心三事，變為聖人戒定慧三法；色身為發戒之由，此戒能捨惡趣凡鄙之身，成辦聖人六度滿足法身。息命為入定之門，此息能變散動惡覺，即成禪悅法喜因禪發慧，聖人以之為命。心識為生慧之因，此心即能改生死心為菩提心真常聖識。始此三法合成聖胎，始從初心終至後心，唯此戒定慧三法不得相離，如是法喜禪悅為食，則恒沙佛法一心中曉。

慧思大師《隨自意三昧》開導止觀行者，說明息由心遍色，處中易知，教令行人應先觀息，以是義故，息是因心的生滅而有生滅，深深覺知，心息相依為常修是調息法的基調，以禪悅法喜慧命為息。

永明延壽禪師於《宗鏡錄》云：每日行一百八件方便行，盡形不改。如是之發心便是真實之行。深水觀音禪寺是一所「深入經藏禪，智慧如法海」的修行道場，菩薩行者誓願不離開山祖師足下所行之慈悲，將積劫所染一切貪瞋癡愛習氣種子，一一消融於母親建寺之功，降伏其心，化為成佛真實種子矣！「唯佛與佛乃能究盡諸法實相」。

佛陀於靈山會上，以《妙法華經》付囑道場的所有眾生。令於末世受持廣宣流布《妙法華經》真實義。得授記之諸弟子無一人，敢於娑婆世界流通《妙法華經》，為法華經者契理契機如來秘要之藏，待從地涌出之眾，乃能荷擔。行五種法師三軌法者，豈易易哉。

「諸佛坐道場，所得秘要法，能持是經者，不久亦當得，同於諸佛，得三菩提，證秘密藏之妙體也。」（《妙法華經》如來神力品）

法華經者能持是經，則一切徹了左右逢原無復障礙，契理契機如來秘要之藏。

以如是，如來一切所有之法，如來一切自在神力，如來一切祕要之藏，如來一切甚深之事，之莫大神力，觀見如來一切深妙功德，盡萃於法華經不可勝窮也。

「以要言之，如來一切所有之法，如來一切自在神力，如來一切祕要之藏，如來一切甚深之事，皆於此經宣示顯說。是故汝等於如來滅後，應一心受持、讀、誦、解說、書寫，如說修行！」（《妙法華經》如來神力品）

統攝如來秘要之藏，眾生開示悟入佛知見於道場所得權實之法。如來一切所有之法的妙名，眾生性具如來修極，雖有在纏出纏之異，其法體本來真淨故，「開」佛知見者開此也。深觀如來自在神力之秘要，即是稱性示現妙用，放光現瑞，「示」佛知見者示此也。再者所謂秘要之藏者，即是法不可示，言辭相寂滅，諸佛安身之鄉、實相妙體，三德秘蜜之藏，久默不說等，「悟」佛知見者悟此也，乃菩薩道之精神也。如來一切甚深之事者，即深固幽遠，無人能到，諸有所作，常為一事，唯一佛之知見，示悟眾生等，一切因果唯一大事，之妙宗，之唯佛與佛，乃「入」佛知見者入此也。

如是觀之《妙法華經》為一大事因緣暢佛本懷，總結功德，撮其樞要止觀研心，唯此「如來一切所有之法，如來一切自在神力，如來一切祕要之藏，如來一切甚深之事，皆於此經宣示顯說。是故汝等於如來滅後，應一心受持、讀、誦、解說、書寫，如說修行！」之四語，而授與法華行者之樞機也，當知此之四語，是處即是道場。

參思「禪戒合一」，妙意根的善導。接著日昨的書寫因緣今日事，山中整夜蟬鳴，泛散著因緣生法妙意根，一絲絲微風的晨光，早安妙意根。種善根者，世世得善知識，而善知識能作教化之事，示教利喜。法華經，妙莊嚴王本事品，王之二子乃王之善知識，想想每日與我們照面的人，均為善知識。普賢菩薩勸發品，「一者為諸佛護念，二者植眾德本，三者入正定聚，四者發救一切眾生之心。」成就此四法，方為般若禪行者法華經者，具慈悲智慧的人生。

「入正定聚」綜觀禪戒合一，於般若禪行者是透發天台觀心門的淵源，涅槃是戒、般若法華是禪（摩訶止觀二十五方便，持戒清淨第一之明懺淨法）。

契明法華經四法義理，藕益大師說：法華是解惑開慧之經，大師如是之見解，乃得力於智者大師之法爾宛然（持戒清淨，之接心法，直接匯融貫融菩提心、佛心），以及法華玄義觀心之領會。

摩訶止觀即是般若禪如來使法華觀心研心之法。生命存在應該屬因緣生法，是淨因華果淨之一因一果，時時心平意淨，懷抱在學，堅持一種精進努力，將有無邊遠景，「如說而行」，來完成一生生命終極的關懷，一步一步地走過去，道業心願都可以達到，止觀研心，善巧安心法性，觀「煩惱境」，而無法愛契入中道。如是止觀現前，即是開眾生佛知見，此觀成就，名初隨喜品，之修習，轉三障煩惱智慧開拓，止觀行者神智利爽，《摩訶止觀》云：第九安忍者，能忍成道事，不動亦不退，是名薩埵。始觀陰界至識次位八法，障轉慧開，或未入品，或入初品，神智爽利。而至能安忍內外之障，此時得證真入「法住法位，世間相常住。」

《妙法蓮華經》藥草喻品，佛雨法雨饒益有情，妙法蓮華一地生，大地能生，三草二木接收雲雨潤澤為所生，而藥草用強成就諸善。法師品，欲悟入妙法，應先安住入如來慈悲室、著如來忍辱衣、坐如來法空座之三軌三事心。來契佛心悟佛旨方可言妙。可知華嚴之與法華同明一因一果；華嚴最初三七說一乘，法華成佛至終明一乘。一乘妙法，純圓獨妙，妙在心佛眾生三無差別。

法華經者的生命宗旨乃一念心是心的歸依處，如四念處，禪宗參「萬法歸一（體），一歸何處（用：法華經者的生命宗旨）」；從體起妙用是不離一心（吾人現前介爾一念心性），妙在於無方所，睹見生命希有事，當人如意圓明，圓明一點本虛空。在觀一念心的攝養過程，心經所謂「行深般若波羅蜜時，照見五蘊皆空，度一切苦厄。……能除一切苦真實不虛。」真實不虛，於般若禪行者來說，是非常受用的解惑開慧，之觀心義。

盡情吐露「以慈修身，善入佛慧」的直下承當，亦是「如是我聞」至「歡喜信受作禮而去」，學佛者，始終一貫的生命寫照，真是晝夜惺惺，平淡得實際，一切是法住法位，世間相常住，古今如是開敷。一句全提，千古無對。

一呼一吸之間有自家面貌，人鮮活著，不離覺性。如吾人讀經甘露見灌本有覺性，心靈活語是主人翁，是學佛一大關鍵，諦觀一微塵中有無邊妙經卷，何必眼睛才是眼睛，是珠珠體瑩然。明心見性，禪者本分事，見自己本有的覺性（主人翁），是生活之大義，將心悟心，悟明自心，舉手蹈足，語言動默皆是禪也，皆心性修煉之禪味也。照通心竅者，與眾心不同，是耽樂於己心之樣態，與人隔離，放任孤獨的自己，只守一場獃，返照心地調和息相，自照，如見水中身影；明自本心，見自本性，心性明如智光佛光。

日日夜夜誦經，內心嚴肅的默見人轉經，感嘆昔日誦經口轉心不轉，心口相違背。豁然明瞭「道」不可須臾離，轉經是腳跟下的大事，如人依「地」而立，即心是道，有依定人。所謂「轉」者，轉境也，轉暗為明之道，是般若禪「照見五蘊皆空度一切苦厄」之道，轉於想、於見；轉於滅垢；轉於識惑之五蘊；轉依轉化，不依識只依智。

福能轉壽，觀世音普門品的「普門」者，福德莊嚴，福能轉壽，如珠雨寶者也。福能轉壽者，羅漢尚能廻福為壽，況普門示現，以不思議福，轉成種智，即福智不二，名之為轉。（《法華文句》）

因之，佛法不是口說則可明達，須是心轉依於智，覺之，一念觀心，轉識成智。如何轉之，認識主人翁，「止觀明靜」是個工夫，靜中思惟修，靜定，止靜，淨息安般，深契靜境。心能主宰是即身之事，是獨自面對承擔之事，唯自家固本之無盡藏，因為無盡藏，所以會工夫教工夫，如六妙門，「數」得好自能入「隨」，是個敲門石，六妙門工夫層層得得來，得個大自在，專精一致，將心悟心，了生脫死。止觀還淨都不說端的全神在隨息。

敬讀《妙法蓮華經》法師品、安樂行品。體解慈悲能破天魔，柔和可破五陰魔，有忍辱心有慈悲才能招感菩薩的慈悲心，想想研究佛學的學佛者，能演講能寫文章，菩薩不會因此度化我們，因為菩薩不是依靠寫文章演講而成就菩薩道的，是「以慈修身善入佛慧，通達大智到於彼岸」而成就的。所以我們的心慈悲，方能與菩薩的慈悲心感應道交，因感應道交、論善發菩提心。

篤實平實的行五種法師行，照見五陰皆空，老實數息平實中體見自性，受持讀誦平凡中悟妙理。凝心攝念止觀研心，惺惺寂寂是觀心的工夫。六妙門之工夫教工夫。

挹流尋源聞香討根，天台止觀，智者說己心中所行法門。蕅益大師在《彌陀經要解》所言：「敦倫盡分。」印光大師繼承了這個教誡，印光大師一生教人，他自己做榜樣，實踐了敦倫盡分。我母親師父常言真正的做人之義「四無量心」，唯慈悲喜捨，才能了解佛陀「一大事因緣暢佛本懷」的精華所在，因為慈悲喜捨為人生最大的智慧福田源泉。

「人是福田，能生一切諸善法。」（《華嚴經》入法界品T10，357a）

在本書卷頭語開端，「如來使法華經者發心修行趣向之義，謂開示悟入佛之知見道，所言發心者謂敬信成就發心，解行止觀發心，證入中道實相發心。」《大方廣佛華嚴經》賢首品亦如是引證之，所言發心者，「信」「解行」「證」之發心趣向：「信無垢濁心清淨，滅除憍慢恭敬本；亦為法藏第一財，為清淨手受眾行。……信為功德不壞種，信能生長菩提樹；信能增益最勝智，信能示現一切佛。」（《大方廣佛華嚴經》賢首品）

如是若欲發心信佛學佛成佛，需具兩種願心，即是「悲智教化，止觀明靜」，止觀悲智佛種為因，明靜教化菩提為果。想想因為菩薩的五種觀（妙意根），所以佛歎德勸歸眾生行菩薩精神之道。真觀、清淨觀、廣大智慧觀、悲觀、及慈觀，常願常瞻仰。因菩薩有五種觀的功德，所以眾生應常瞻仰。一、真觀，謂以妙智觀於真性，知自身、眾生身、一切身平等不二，此即同體大悲之所由起。二、清淨觀，謂觀於淨法，從本以來不與染法相應，遠離我、我所之二障。三、廣大智慧觀，以自心清淨故觀於真俗二諦之法，一一照了，無有遺漏。四、悲觀，觀於生佛同體，而悲眾生以惑業故不能免苦。五、慈觀，觀世音菩薩以悲願救苦，故常念給眾生以樂。以上五觀，眾生當常願行此並常瞻仰也。

南無藥師琉璃光如來！南無藥師琉璃光如來！南無藥師琉璃光如來！《藥師琉璃光如來本願功德經》菩薩精神：「應生無垢濁心、無怒害心，於一切有情起利益安樂慈悲喜捨平等之心。」「無垢濁心」智心，「無怒害心」悲心。「捨」及「平等之心」是智心，「於一切有情起利益安樂慈悲喜之心」悲心。

今日晡時寫本書結語之際，行散觀寂寮外廊，心中雲湧！夢中佛事思忱，之安樂行品「髻中明珠」，入洗心室，援筆寫了一段，靜裏乾坤，一樣無心亦有心，且看動靜是誰人。夢中繁華；於夢中，但見妙事；百千萬億劫事，咸在一念夢中。

如是如是，許悔之社長手墨展「夢中繁華：人生底色微微生香」，真所謂《法華經》安樂行品之，久在「髻中明珠」，解髻即夢中繁華之謂也；與珠即人生底色微微生香是也。

菩薩行人精進止觀研心，至相應時，一切果相於夢中先時顯現；所謂將來之善果，已在今日之夢中現前；然則今日之果，亦曾在昔日之夢中；前日之果，更曾在昔日之昔日之夢中。一切一切的諸法果相，無一不在吾人之夢中也，所謂三世十方諸法，又安往而非夢中耶！

思之，勤奮讀得八萬四千法門，唯髻中明珠，未得，枉也。如同習得十八般武藝樣樣精通，也只不過得一場夢。夢覺醒來，水月道場空華佛事，不過是一場好夢，人生何須煞有其事地不可一世，來自縛佛光靈光。一場好夢的自尊自貴，學習用自己的自性清淨心、智慧慈悲心，光亮自己，才是真尊貴無比。因之，刻刻步步涵養如是如是之性德。

母親師父的一生，如安樂行品所云之一場好夢的自尊自貴「諸佛身金色，百福相莊嚴，聞法為人說，常有是好夢。」夢中果然繁華，生生世世，微微生香；得個好夢。

心，豈可恍惚一瞬，心心念念，只為自然得大輕安，得大自在得大寧靜，乃初心第一步工夫得力處也。如是，生命本來平平貼貼，一味平常平等之獨立無畏。悟了還同未悟時；依然只是舊時人，不是舊時行履處，工夫若到，自然平實，得個好夢，如是如是而已。

然則「禪」是簡淡明確，參一句話頭；其實一句話頭不只是一句話頭，一句話頭已包含了三藏十二部，宇宙人生。禪畫寥寥幾筆，不只是寥寥幾筆，而是代表了天地人生；石濤上人論禪與禪畫是一筆畫。「一」是眾象之母，修禪以一心求不易攝；所以禪與禪畫，可說禪是禪畫的思源，禪畫是參禪心境。

母親師父，藉由建寺之功的法流，將世出世法之佛法，流布人間，洗蕩塵垢，吾等乘道場之舟，同登彼岸，即所謂調凡夫身息心三事，變為聖人戒定慧三法，入「生死齊平菩提淨明鏡」之真常聖識。

「逝者如斯，不捨晝夜！」亦聖人於大自然之萬象，觸悟內心之境性。觀世音菩薩聽海潮音，反聞自性，聞性空寂，聞大見大，至大無礙，聞聲救苦，「苦海常作度人舟」。如「流水」假悟善觀水性之行人，則「流水不是水」，流水，在中峰禪師的眼中是，「水似禪心涵鏡像，之法流」，法流源於「佛心」，禪源深深，佛法歷萬古而彌新；然而道在人弘，流水散布大地，開渠勢導，固於水不增不減。師父建寺道場之功，亦復如是也。建寺道場之法流，原泉滾滾，法流廣被，與有緣人廣結善緣。因知夢中禪源、繁華法流，一體一周，體用相彰，本自具足，唯引夢中繁華之法水，自啟迷津，指點迷津，活水活現，江河大海承千鈞之舟，慈航普度矣！

此刻一抹夕陽長紅灑落庭前，桂樹散芬芳立足於旁，思惟「佛影」智慧月、法界月，法界影。見弟弟、及寺眾正收著曬乾的蓮蓬，已心卻遙落了十四年前的二月二十二日望著母親師父一口氣不來，當下苦痛的感覺。入寺務處，啜飲一杯紅印老普洱，感受內心深處的翠巒，如同映照的鏡影，望見深處「染、淨」的生命況味。茶湯順喉而入，隨著自己呼吸的意念，在當下，感受這簡單動作，引導出內心潛在的生命情操。

二位師長的圓寂，感到自己的生命從此有一個無法彌補的大洞；還繼續活著下去的自己卻也因此，只有努力在思想精神空間的路上，尋解，那無窮無盡的心理活動，之寬恕。切實究竟清理九六年二月二十二日的苦痛，是心念大轉機，由真誠之喜、之憂悲苦惱、之怒的境地，看見生命，之真源，而後再進一步得以讓心沉斂，當下而歸於善財童子入法界品，之真寂的「存在與實在」，望見未來，之「仍在」。

《華嚴經》「入法界品」，之理趣意境，訓釋文辭決了菩提心義，善財童子「入、住、出」遊法界，歷經參學五十三個，知識異常倫的人間菩薩。思惟這人世間一切的一切，如菩提器想，本性寂靜，故當善調順寂靜，令己之諸根悅豫，以智慧月普照心海。華嚴經者當以寂寞無言無礙心為有緣人作佛事。永作人中月。觀照悲智融入呼吸間，是修行最可觀的成就，山上寂然無響，綿密細微迴護心君，日日夜夜當如年年三七二一日行雲流水放下的華嚴世界，雖過著「披上袈裟事猶多」的日子。親近華嚴法味與自己相遇，胸懸寶鏡照乾坤。

恭敬地書寫完成此書，此後的生命歲月更是朗朗乾坤之預期。

啊！「頂眼照乾坤，一月高懸萬界輝。」

世尊拈華，迦葉微笑。
達磨面壁，二祖安心。
虎嘯風生，龍吟霧起。
智不可測，識莫能知。

所以窮諸玄辯，若一毫置於太虛，竭世樞機，似一滴投於巨壑，超凡越聖，罩古籠今。直得乾坤蕩蕩，日月輝輝。（《穆菴文康禪師語錄》穆菴康和尚初住天台山明巖大梵禪寺語錄X71，399b）

我知之矣！止觀明靜，止觀研心，生生世世體用相融。

正知得正覺，不可迷信迷迷不悟；要將「唵嘛呢叭彌吽」憶持在吸和呼的間隙，遊心 oṃ maṇi padme hūṃ 真言語於實際。（開良師父覺之法語）

靜與淨之行持；教育與我的生命是一體的，它將陪我到生命的最後一天。（曉雲導師覺之教育慧命法語）

般若禪，如來使
心印曉雲導師、開良師父

作者　釋悟觀
封面圖片　曉雲導師禪畫（華梵大學文物館提供）
內頁禪畫／圖片　釋悟觀、華梵大學文物館、深水觀音禪寺提供

封面設計　most of hou
責任編輯　林煜幃

董事長　林明燕
副董事長　林良珀
藝術總監　黃寶萍
執行顧問　謝恩仁

社長　許悔之
總編輯　林煜幃
副總經理　李曙辛
主編　施彥如
美術編輯　吳佳璘
企劃編輯　魏于婷

策略顧問　黃惠美・郭旭原・郭思敏・郭孟君
顧問　施昇輝・林子敬・謝恩仁・林志隆
法律顧問　國際通商法律事務所／邵瓊慧律師

出版　有鹿文化事業有限公司
地址　台北市大安區信義路三段106號10樓之4
電話　02-2700-8388
傳真　02-2700-8178
網址　www.uniqueroute.com
電子信箱　service@uniqueroute.com

製版印刷　沐春行銷創意有限公司

總經銷　紅螞蟻圖書有限公司
地址　台北市內湖區舊宗路二段121巷19號
電話　02-2795-3656
傳真　02-2795-4100
網址　www.e-redant.com

國家圖書館出版品預行編目（CIP）資料

般若禪，如來使：心印曉雲導師、開良師父／
釋悟觀著 —初版. — 臺北市：有鹿文化，2020.10
面；公分. —（看世界的方法；181）
ISBN：978-986-99530-5-4（平裝）
1. 佛教　2. 文集
220.7　109015106

ISBN：978-986-99530-5-4
初版：2020年10月

定價：380元